COMUNICAÇÃO E **ASSESSORIA** DE IMPRENSA PARA **GOVERNOS**

MARCO ANTÔNIO DE CARVALHO EID

COMUNICAÇÃO E **ASSESSORIA** DE IMPRENSA PARA **GOVERNOS**

COMO MUNICÍPIOS, ESTADOS E UNIÃO, LEGISLATIVO E JUDICIÁRIO INTERAGEM E DIALOGAM COM A SOCIEDADE E A MÍDIA.

M.Books do Brasil Editora Ltda.

Rua Jorge Americano, 61 - Alto da Lapa
05083-130 - São Paulo - SP - Telefones: (11) 3645-0409/(11) 3645-0410
Fax: (11) 3832-0335 - e-mail: vendas@mbooks.com.br
www.mbooks.com.br

Dados de Catalogação na Publicação

EID, Marco Antônio de Carvalho.

Comunicação e Assessoria de Imprensa para Governos / Marco Antônio de Carvalho Eid.

1. Comunicação 2. Marketing 3. Relações Públicas

ISBN: 978-85-7680-283-9

©2016 M.Books do Brasil Editora Ltda.

Editor: Milton Mira de Assumpção Filho
Produção: Lucimara Leal
Editoração: Crontec
Capa: Isadora Mira

2016

M.Books do Brasil Editora Ltda.
Todos os direitos reservados.
Proibida a reprodução total ou parcial.
Os infratores serão punidos na forma da lei.

Dedicatória

Denise, esposa amada, companheira imprescindível, jornalista e escritora de raro brilhantismo.

Isabella, Júlia e Thiago, filhos abençoados. Suas virtudes humanistas, crenças, ética, pluralismo, cultura, responsabilidade e sensibilidade são as maiores recompensas de minha vida.

Olívia, neta querida, que renovou, com seu amor, inteligência e graça, a esperança no futuro.

Same Calil Nicolau Eid, meu pai, exemplo superlativo de caráter, honestidade, ética e solidariedade.

Alzira de Carvalho Eid (ah, mãe, se eu escrevesse bem como você...).

Nelson e Adair Martinho e querida família, que me abraçaram como filho, irmão, tio, primo e sobrinho.

Todos com quem trabalhei e trabalho, compartilhando a luta digna pela vida.

Sumário

Prefácio 11

Introdução Comunicar é um dever do Estado..................13

Capítulo 1 A missão da assessoria de imprensa no setor público 17

Capítulo 2 Web: os cidadãos têm o verbo! 21
Ferramentas cruciais 23
Letras que falam...25
Uma reflexão importante sobre a polêmica disputa
entre o impresso e o eletrônico.............................26

Capítulo 3 Informação, sim, especulação, jamais 31

Capítulo 4 Rede de informações jornalísticas e fontes coesas são
essenciais para ações proativas e prevenção de crises ...35

Capítulo 5 Gerenciamento de crises 41
O pressuposto ético e as normas técnicas que
contribuem para a credibilidade............................41
Formas com mais credibilidade no gerenciamento
de crises..43
Formas sem credibilidade 44
O conceito básico de gerenciamento de crises 45

Missões da assessoria de imprensa no gerenciamento
de crises..45
Estratégias para o gerenciamento de crises contra a
imprensa falaciosa 46
Quando há ruídos na comunicação, em especial no
gerenciamento de crises, quem paga o pato é a
sociedade 48

Capítulo 6 **O estratégico e imprescindível serviço de *clipping* 53**

Capítulo 7 **A contratação de assessorias terceirizadas....................55**

Capítulo 8 **Estrutura de recursos humanos da assessoria de
imprensa central 59**

Capítulo 9 **Pautas de interesse público e banco de dados
completo..63**
Informações que jamais devem faltar no banco de dados
da assessoria de imprensa central.......................................64

Capítulo 10 Produtos jornalísticos e material personalizado.............67

Capítulo 11 As relações com a sociedade civil.....................................71

Capítulo 12 A comunicação estatal no varejo 75

**Capítulo 13 Relacionamento com empresas privadas concessionárias
de serviços públicos..79**

Capítulo 14 Interação com organismos do governo 81
Comunicação e a Defesa Civil 81
Comunicação e a Segurança Pública 82
O relacionamento com a segurança da autoridade e
da sede do governo...84
O relacionamento com o Cerimonial 85

COMUNICAÇÃO E ASSESSORIA DE IMPRENSA PARA GOVERNOS 9

Capítulo 15 Cerimonial e Protocolo **87**

Recepção de convidados..88

Procedimentos importantes na recepção de autoridades...89

A estrutura do evento...90

A mesa..93

A imprensa na cerimônia 94

Os principais pronomes e adjetivos de tratamento............95

Cuidado com a crase e o uso do artigo "a" ou "o"..............96

O convite..96

Recomendações importantes sobre cerimonial e
protocolo..98

A visita do Patriarca 98

Ledo engano na Venezuela...99

A Importância do profissional de RP.................................101

**Capítulo 16 A rotina no gabinete, cobertura de viagens e a
convivência com os jornalistas da mídia**.......................**103**

Um exemplo real de Tancredo Neves..................................105

Viagens...106

Uma dica de RH 108

**Capítulo 17 Uma responsabilidade do profissional de comunicação
no governo e a democratização das notícias** **109**

O início da saga pelo voto livre...114

Montoro e Tancredo lançam campanha por eleições
diretas...114

Um pranto de alegria nos 430 anos de São Paulo............116

A última ditadura e as missões da comunicação...............117

O feitiço contra o feiticeiro..122

Agonia e morte de Tancredo 123

O ano da Constituinte..123

A inconfidência de Fernando Collor 124

A Constituição de 1988..125

A Constituição inconstitucional de
Dr. Ulysses 127
A Constituição Coragem 129

Capítulo 18 Outras histórias que permeiam o trabalho dos
assessores de imprensa no governo....................................131
Os extintores de incêndio do Memorial da América
Latina...131
O discurso de Fidel..133
Saudades de Matão 134
Ronald Reagan e Adhemar de Barros.................................136

Capítulo 19 *Media training* 139
Entrevista simulada..142

Prefácio

Comunicação pública é um dos deveres do Estado, conforme fica claro na leitura deste livro do jornalista Marco Antônio de Carvalho Eid. Contudo, é preciso entendê-la como atividade separada da comunicação do governo e a dos políticos e ocupantes de cargos eletivos. São três eixos distintos, a serem considerados e tratados da maneira correta pelos profissionais da área de assessoria de imprensa, com transparência e objetividade.

Nesses segmentos da comunicação pública, é necessário considerar três elementos essenciais, que devem permear o trabalho dos jornalistas e profissionais de RP que atuam no setor: ética, técnica e estética. É particularmente relevante entender isso no contexto das crises políticas, como as que o Brasil tem enfrentado de modo intermitente ao longo de sua história, inclusive após a redemocratização. Nem sempre os gestores da área têm uma visão clara sobre as dimensões, complexidade e implicações do trabalho, cedendo às pressões e anseios de quem está ocupando o poder, em especial em momentos de efervescência e contestação.

Comunicação do Estado é institucional. Não se presta à promoção de partidos, incluindo os que estejam ocupando a chefia do Executivo e do Legislativo, nas prefeituras, estados e União, bem como nas distintas instâncias do Judiciário. O mesmo raciocínio aplica-se aos ocupantes de cargos públicos.

O trabalho de assessoria de imprensa e RP para o governo deve partir sempre da premissa de informar a população sobre ações de seu interesse, como campanhas de vacinação, funcionamento dos serviços de saúde, matrículas escolares, delegacias de polícia, obtenção de documentos e políticas públicas com impacto na vida das pessoas. Nesse aspecto, há toda uma transcendência das mensagens, à medida que estamos falando de informação capaz de provocar impactos e reações positivas na sociedade. Quanto aos políticos, serão beneficiários, na sua comunicação pessoal, de seu desempenho nos cargos eletivos.

Este livro, ao se aprofundar no trato do tema, apresentando conceitos teóricos e toda a experiência prática de um jornalista com expertise e muita vivência no setor público, é algo de muito valor para os profissionais de comunicação e todos aqueles que desejam entender melhor as engrenagens e os meios pelos quais governos e governantes interagem com a sociedade. É uma leitura instigante e referencial, pois também resgata memórias históricas inéditas e bastidores da política brasileira a partir da redemocratização.

Paulo Nassar

Professor Doutor e Livre Docente da Escola de Comunicações e
Artes da Universidade de São Paulo (ECA/USP).

Diretor-presidente da Associação Brasileira de Comunicação Empresarial (Aberje).

INTRODUÇÃO

Comunicar é um dever do Estado

O Estado democrático tem o dever de prestar contas à sociedade e interagir com todos os seus segmentos. O canal mais amplo e eficaz para o exercício dessa responsabilidade é a mídia jornalística, desde a grande imprensa, rádio e TV, passando pela Web, até publicações e jornais especializados, empresariais, de entidades de classe e do Terceiro Setor.

Assim, o avanço e a consolidação da democracia no Brasil abriram significativo campo de trabalho na área estatal para jornalistas e relações públicas. A prestação de serviços ao Estado também representa um mercado relevante para as agências de assessoria de imprensa, por meio da terceirização, conforme tendência crescente no País. Essas empresas, entretanto, precisam estar preparadas e aptas a treinar seus profissionais, qualificando-se à prestação de um serviço no qual o empirismo é absolutamente condenável, pois pode implicar sérias consequências.

O atendimento a contas de assessoria de imprensa no setor público por parte de empresas privadas foi deixando paulatinamente, nos últimos anos, de ser um subproduto dos contratos firmados mediante concorrências e licitações com as agências de propaganda. Tal modelo ainda ocorre, mas as ações e estratégias de comunicação social, em particular as relações com a mídia, ganharam novo status e importância, passando a ser objeto de concorrências específicas para a contratação de empresas capazes de agregar *know how* ao exercício dessa atividade.

O imenso potencial desse mercado pode ser constatado em duas principais demandas ainda não contempladas de modo integral pelas fontes governamentais de informação: o atendimento adequado às necessidades de toda a imprensa quanto a notícias de utilidade e interesse da sociedade; e a interação da iniciativa privada com o Estado. Nesse contexto, a assessoria de comunicação é uma ponte entre a mídia jornalística e os Três Poderes, empresas privadas e organizações da sociedade, bem como um canal de relacionamento entre as organizações estatais e as privadas.

É necessário reiterar o significado da atividade, às vezes subestimada, e investir mais na formação específica dos profissionais a ela dedicados. Com tal objetivo, este livro oferece informação técnica e exemplos práticos reais, contribuindo para que os jornalistas e relações públicas, bem como os futuros profissionais da área e agências de comunicação, prepararem-se adequadamente para atender um nicho importante do mercado, em especial o setor público. Também nesta obra, políticos, ocupantes de cargos no Executivo, Legislativo e Judiciário, empresários e lideranças da sociedade civil encontram subsídios para entender melhor a missão e o funcionamento desse serviço especializado, melhorando a sua relação custo-benefício.

É necessário difundir e multiplicar o conceito relativo à responsabilidade da assessoria de imprensa no atendimento pleno, ágil e ético às demandas de comunicação, bem como para que os jornalistas, relações públicas e agências que atuam ou pretendam ingressar no setor estatal estejam aptos ao desafio. Os que trabalham na iniciativa privada encontrarão aqui subsídios para interagir de maneira mais eficiente e sinérgica com os colegas dos governos e organismos estatais, melhorando um relacionamento muitas vezes permeado por ruídos.

Clientes de assessoria de imprensa, sejam do Estado, Terceiro Setor, entidades de classe ou empresas, podem estabelecer um relacionamento mais produtivo com a mídia jornalística. O melhor entendimento de como se processa a interação das instituições e empresas com a imprensa é fundamental para agregar valor, produtividade e diferenciais ao trabalho dos profissionais de comunicação encarregados dessa missão.

Além de todo o aspecto técnico das atribuições e estratégias do assessor de imprensa no governo, apresentado de modo prático e objetivo, esta obra relata exemplos reais, que contribuem para a perfeita compreensão do papel e da atuação daquele profissional. Os casos constituem um conjunto de informações atraentes para todos os leitores, pois revelam segredos e bastidores inusitados da política nacional em um dos momentos mais importantes de sua história, a redemocratização nos anos 80, incluindo a Campanha das Diretas Já, em 1984, a promulgação da Constituição, em 5 de outubro de 1988, a eleição e a morte do presidente Tancredo Neves, que se despediu dos brasileiros na noite de 21 de abril de 1985.

O livro vai além, abordando os anos iniciais da democracia e analisando os movimentos populares desencadeados em meados de 2013, que suscitam reflexões profundas sobre o novo protagonismo dos cidadãos na construção da história e suas inevitáveis consequências na comunicação. Analisa, ainda, o papel da internet e das redes sociais na formação de novas gerações de brasileiros mais cultos, conscientes e críticos em relação aos governos, às instituições e ao sistema. Tal fenômeno reflete, também, a inclusão socioeconômica e a ascensão de renda de milhões de pessoas, em especial na primeira década do Século 21.

Os fatos aqui relatados sobre os bastidores políticos, cujo conteúdo tem um quê de livro reportagem, foram todos vivenciados por mim, *in loco*, no exercício do jornalismo, ao longo de minha carreira, desenvolvida em dois segmentos: na mídia, como repórter e editor de emissoras de rádio, agências de notícias e revistas; e, nos setores público e privado, como assessor de imprensa e comunicação. As análises, informações técnicas, procedimentos recomendados e opiniões são igualmente frutos dessa vivência profissional, do muito que aprendi com tantos colegas talentosos com os quais trabalhei e de situações práticas.

Chefiando por 12 anos a Redação da Coordenadoria de Imprensa do Governo do Estado de São Paulo, participei ativamente das transformações da assessoria de comunicação decorrentes da redemocratização. Esta conquista da sociedade teve grande impacto no serviço, que ganhou novas e múltiplas atribuições com a liberdade de expressão e pensamento. Foi preciso um reposicionamento de governos, instituições e empresas no seu relacionamento com a mídia jornalística. Para isso, tornou-se fundamental desenvolver um novo conceito de assessoria de imprensa, o maior desafio que a atividade venceu e no qual ainda se empenham os seus profissionais.

O avanço nesse processo pode ser constatado em duas vertentes básicas: homens públicos, governantes, políticos, empresários, executivos, dirigentes de entidades de classe e representantes do Terceiro Setor aguçam a percepção de quanto a sua imagem e a das organizações que representam dependem de uma postura de transparência perante a mídia; jornalistas e veículos reconhecem, por sua vez, o quanto é importante o acesso a informações de real interesse de seu público, geradas por aqueles segmentos e disponibilizadas pelas assessorias de imprensa.

O livro procura demonstrar tudo isso e indica a importância de os Três Poderes terem eficientes canais de interação com a sociedade. Também analisa as relações entre as áreas de comunicação dos setores estatal e privado e o relacionamento da assessoria de imprensa estatal com a Segurança, Cerimonial, Defesa Civil e empresas concessionárias de serviços públicos. Procura apontar os distintos ângulos e visões, congruências, pretensas incompatibilidades e dificuldades de relacionamento, buscando contribuir com a indicação de caminhos e alternativas para aprimorar a sinergia entre o setor público, a iniciativa privada, a imprensa e a sociedade. Afinal, esses são os eixos básicos da informação e do noticiário da mídia e os elementos sobre os quais recai a responsabilidade de conduzir o País e configurar em termos práticos o conceito de Nação.

CAPÍTULO 1

A missão da assessoria de imprensa no setor público

Assessoria de imprensa não é mera ferramenta de promoção do prefeito, do governador, do presidente da República, ministros, secretários, dirigentes e executivos de empresas estatais e chefes dos poderes Legislativo e Judiciário. É um serviço do Estado e da sociedade, que também atende os gabinetes.

A principal missão da assessoria de imprensa no governo é contribuir para que a sociedade, por meio da mídia jornalística, tenha acesso às informações de seu interesse. O cumprimento dessa responsabilidade é complexo e se expressa em distintas vertentes.

No que diz respeito às ações proativas, as principais tarefas são as seguintes: apurar e distribuir informações de interesse da sociedade normalmente não cobertas pelos veículos de comunicação, inclusive os de grande porte; divulgar notícias de utilidade pública, facilitando o acesso da população aos serviços do Estado; disponibilizar notícias à parcela da imprensa, como veículos de bairros e do interior, que não tem amplo acesso às fontes; e interagir nas mídias sociais, imprescindíveis na comunicação atual do setor público.

Além disso, a assessoria tem missão importante no sentido de facilitar o trabalho rotineiro dos repórteres dos veículos, agendando entrevistas e respondendo de maneira ágil e precisa às solicitações. Cabe a ela, também, convocar e estruturar entrevistas coletivas de imprensa, organizar a recepção e a cobertura dos jornalistas em grandes eventos e visitas de personalidades nacionais e estrangeiras.

Realizar um trabalho de assessoria de imprensa próximo do ideal na área do Estado é tarefa difícil. Nem sempre é possível convencer o governante, o político, o dirigente de empresas e autarquias ou o responsável pelo órgão ao qual se presta serviço de que o paradigma fundamental do relacionamento com a imprensa é a prestação de informações úteis e desejadas pela comunidade e, consequentemente, pela mídia.

Muitas vezes, é verdade, enfrenta-se o personalismo, o qual, ao prevalecer, prejudica o trabalho, suscita a distribuição de numerosos releases insipientes e de conteúdo equivocado, cria uma rotina de desinteresse dos jornalistas dos veículos e estabelece um desfecho sobejamente conhecido: a demissão do assessor de imprensa e, às vezes, de todo um departamento de comunicação.

Assim, a primeira e mais árdua tarefa é demonstrar os conceitos corretos da comunicação ao cliente estatal. Costuma ter eficácia, no âmbito desse objetivo, a aplicação de um curso de *media training*, cuja organização e preceitos são temas do último capítulo deste livro.

O curso ajuda muito, mas não esgota a missão de conquistar a confiança e a concordância do cliente quanto à realização de um trabalho tecnicamente adequado. Para isso, é necessário um diálogo franco, baseado em parâmetros pragmáticos e realistas, nas tendências reais do jornalismo contemporâneo e nas experiências bem-sucedidas de profissionais e assessorias de imprensa. É fundamental, na apresentação de um projeto de trabalho com projeção de médio e longo prazos, indicar os resultados positivos perfeitamente previsíveis, inclusive para a imagem do político/dirigente e do partido a que pertence, de uma ação estratégica correta e adequada no relacionamento com a imprensa.

Vale refletir, na elaboração e apresentação de um projeto de trabalho, sobre uma questão básica da comunicação contemporânea, sob o ponto de vista da mídia: a exemplo do que ocorre em todos os setores de atividade, a prioridade é encantar o cliente.

Jornais, revistas, rádios, televisões, sites jornalísticos e os blogs de maior audiência têm percepção ampliada e mais clara do óbvio: o cliente que, de fato, merece foco prioritário não é o do universo dos anunciantes e agências de propaganda, do qual provém a maioria da sua receita, mas sim o leitor, o ouvinte, o telespectador. É o resultado da tiragem da mídia impressa e da audiência da eletrônica que estabelece a procura e o valor da inserção publicitária. Ou seja, os veículos buscam, cada vez mais, encantar o cidadão, embora alguns ainda insistam na antiga prática do sectarismo, tão nociva à imprensa.

Todo esse movimento em direção aos interesses diretos da sociedade pode ser facilmente observado, por exemplo, na sensível transformação por que passaram paulatinamente, a partir dos primeiros anos do Século XXI, o jornalismo das emissoras de TV e o noticiário dos grandes jornais brasileiros, cada vez menos influenciados por questões alheias à prática do jornalismo em sua mais plena acepção. É claro que persistem a influência do poder econômico e negociações de bastidores, mas seus reflexos no conteúdo final da mídia que chega à sociedade são muito menores do que ocorria no século passado.

Duas causas principais determinaram essa evolução. A primeira é a consolidação da democracia e a segunda, o advento da internet, impondo novas atribuições, responsabilidades e posicionamentos ao exercício profissional do jornalismo e da comunicação.

CAPÍTULO 2

Web: os cidadãos têm o verbo!

Não há dúvida de que a tecnologia e a Web tiveram grande impacto na profissão do jornalista e nas atividades das assessorias de imprensa, a começar pelas facilidades de acesso e transmissão de informação e dados propiciadas por toda a parafernália cibernética da era do silício. Este é um imenso avanço, que dispensa análise mais aprofundada.

Contudo, o maior efeito refere-se ao poder de comunicação que a internet e as redes sociais conferiram a cada indivíduo e à sociedade como um todo. Sem dúvida, trata-se de um fator de transformação histórica. Há cerca de cinco mil anos, a humanidade criou a escrita, na Mesopotâmia, viabilizando contratos, registro mais preciso de memórias das seguidas gerações e novas possibilidades de absorção do conhecimento; há 550 anos, na Europa, surgiu a imprensa de Gutenberg, grande ferramenta de democratização da leitura, e os impressos foram a mídia do Renascimento e da formulação do capitalismo moderno; num curto espaço de tempo, surgiram o rádio e a TV, outra revolução; e hoje, a internet desbanca ditadores, mesmo nos mais radicais bastiões do conservadorismo e do autoritarismo.

Os indivíduos têm o verbo, estabelecendo-se um inusitado e irresistível equilíbrio de forças na comunicação. Não há mais o leitor, ouvinte ou telespectador passivo ante a impossibilidade de acesso a múltiplas fontes de informação para checar e fazer análise do conteúdo de jornais, revistas, rádios e televisões. O mesmo se aplica no contexto da comunicação interna das organizações públicas ou privadas. Os recursos humanos, no âmbito de cada empresa ou governo, e a sociedade como um todo formam uma imensa comunidade de informação, crítica e conhecimento, com gigantesca capilaridade, sinergia e alcance.

Essa realidade obriga a mídia (seja ela um grande veículo ou a *news letter* dirigida aos funcionários de uma empresa pública ou privada ou órgão estatal) a redobrar o zelo com a qualidade de seus conteúdos, pois eles serão sempre checados, questionados e colocados à prova. A responsabilidade, portanto, cresceu muito, suscitando, aliás, uma inequívoca oportunidade de aperfeiçoamento.

Assim, os jornalistas têm especial missão, com ênfase para a síntese de sua responsabilidade neste novo mundo: garantir a qualidade da informação. Para isso, são insubstituíveis as técnicas de apuração, entrevista, redação, edição e revisão dos conteúdos e, quando não na execução direta dessas tarefas, o compromisso quanto à sua idoneidade e excelência. O exercício da profissão em sua plenitude, portanto, é o que diferencia o jornalista de todos os indivíduos no ambiente virtual, tornando-o, inclusive, o mediador de grandes polêmicas, versões desencontradas do mesmo fato e histórias mal contadas na indomável Web.

A internet e as redes sociais removeram as últimas fronteiras e imlodiram os derradeiros obstáculos à liberdade de expressão e pensamento. Nessa incontrolável, indiscreta e incensurável rede, a sociedade espera que a assinatura de um jornalista seja equivalente a um autêntico selo de qualidade e confiabilidade. Estas são duas virtudes desejáveis na atitude de todos os que utilizam espaços públicos para divulgar ou escrever algo. No caso dos jornalistas, é obrigação, dever de ofício, responsabilidade e compromisso.

Na mesma proporção da tecnologia, a profissão cresceu e se diversificou. Os jornalistas atuam, além das redações dos veículos de comunicação, nas agências de comunicação, departamentos afins de empresas, companhias transnacionais, ONG's e governos. São diretores de relações com o mercado nessas mesmas organizações e até ministros de Estado. Em qualquer dessas funções, contudo, jamais podem deixar de exercer o jornalismo e seus princípios técnicos. Tal consciência é decisiva para a qualidade dos serviços prestados.

Ferramentas cruciais

A internet e as redes sociais são mídias cada vez mais imprescindíveis em todos os setores de atividade, inclusive nos governos e instituições dos Três Poderes. Trata-se de canais eficientes para interagir com a sociedade e, em especial, segmentos específicos da população, tanto em caráter regional, como temático.

O Facebook e o Twitter, por exemplo, são ferramentas muito eficazes para o poder público prestar contas à população de uma região, cidade ou até mesmo um bairro, sobre obra ou projeto em andamento que tenha influência na vida das populações residentes nas áreas de influência do empreendimento. Do mesmo modo, são mídias de grande eficiência para um relacionamento direto e fluido com distintas comunidades, como "defensores do meio ambiente", "movimentos de pessoas sem terra ou sem teto", "aposentados", empresários e trabalhadores ("indústria", "varejo", "serviços", "agropecuária", "setor financeiro" e, enfim, de todos os ramos), minorias e todas as representações da sociedade.

Toda força, capilaridade e agilidade das redes sociais não podem mais ser ignoradas nas políticas de comunicação do setor público. Qualquer estratégia nessa área que prescindisse desses instrumentos seria incompleta e teria muita dificuldade para difundir corretamente as informações e defender a imagem de governantes, autoridades, parlamentares e dos diversos setores do Executivo, do Legislativo e do Judiciário.

Assim, é necessário contar com estrutura profissional de recursos humanos, própria (com cargos em comissão, caso não haja função passível de provimento por concurso) ou terceirizada (neste caso, sempre mediante licitação pública). Ao se implantar o serviço, é preciso ter em mente de que é algo que não se presta ao amadorismo. São necessários conhecimento técnico e profissionalismo.

Também se deve saber que a interação correta nas redes sociais exige mobilização permanente, com respostas em tempo real às críticas, pedidos de informação e esclarecimentos sobre quaisquer tipos de consultas. Tal imediatismo é a essência dessas novas ferramentas, que têm imensa capacidade de viralizar as informações, opiniões e conceitos. São formadoras de opinião.

As redes sociais também são decisivas em campanhas eleitorais. Tal constatação tornou-se irrefutável a partir da primeira eleição do presidente Barack Obama, dos Estados Unidos, em 2008, um marco mundial da história da Web na política. É um caso emblemático. Foi uma estratégia de comunicação que reinventou os meios de se atingir o eleitorado, arrecadar dinheiro, organizar a militância e os voluntários, monitorar e influenciar a opinião pública, gerenciar as crises com a imprensa e refutar os ataques de adversários. Algo impressionante, testemunhado por uma estupefata imprensa norte-americana, quanto ao engajamento da população, inclusive o público jovem.

Sem dúvida, a mídia convencional continua sendo de grande importância. Porém, as redes sociais, independentemente da legislação, são territórios livres e incontroláveis. Por isso, decisivas, como se tem observado cada vez mais nas eleições brasileiras, nas quais as repercussões, discussões e disseminação do noticiário, entrevistas e debates entre candidatos nos meios convencionais de comunicação ganham um infinito efeito multiplicador na internet.

Na estrutura de serviços das redes sociais é preciso manter ações proativas ininterruptas, com postagens diárias, e trabalho reativo permanente, respondendo tudo a todos de modo rápido, claro e objetivo. Também é necessário ter ferramentas capazes de monitorar, no mínimo, os seguintes indicadores: número de fãs e usuários da rede e quais são os que mais interagem com a página; ações relacionadas ao escopo temático; total de interações diária/semanal/mensal; e evolução do crescimento da mídia quanto à frequência de público.

Letras que falam

Num país de culturas tão diversificadas como o Brasil, permeado de regionalismos, sotaques e gírias, a linguagem escrita tem a especial missão de conferir identidade coesa à língua. Trata-se de tema muito importante para todos nós profissionais de comunicação. Afinal, pela própria natureza de nosso trabalho, temos imensa responsabilidade quanto ao zelo e bom uso do maravilhoso e complexo idioma que herdamos de nossos colonizadores e enriquecemos com elementos indígenas, africanos, italianos, árabes, espanhóis e de outros povos presentes em nossa sociedade.

É interessante lembrar que os escritos formais – no jornalismo, correspondências oficiais, cerimoniais, ofícios, memorandos e na comunicação empresarial como um todo – pouco utilizam as peculiaridades da linguagem oral. Assim, por exemplo, as alterações pronominais comuns no Sul, no Rio de Janeiro e na Baixada Santista, no litoral de São Paulo, normalmente não são transportadas para os textos. O mesmo ocorre com alguns italianismos dos paulistanos e certas maneiras muito peculiares de construir as frases no Nordeste.

É verdade que expressões locais aparecem em textos jornalísticos e oficiais de cada região brasileira. Nem poderia ser diferente. Porém, a linguagem escrita nacional tem bastante uniformidade gramatical, sintática, semântica, fonética, pronominal e léxica. A grande exceção nessa realidade é a comunicação informal pela internet, nos e-mails, inclusive nas relações profissionais, e todas as mídias sociais. Além dos caracteres específicos que a juventude desenvolveu para essas mídias, com abreviaturas e símbolos, é instigante observar que a sua linguagem, embora escrita, é exatamente a oral.

Correspondências na Web, o que, curiosamente, não acontecia com a mesma intensidade nas antigas cartas enviadas pelos correios, são constituídas por letras que falam, literalmente. Trata-se de uma linguagem fortemente onomatopeica, na qual "ouvimos" com clareza as múltiplas formas dos regionalismos idiomáticos do País, viajando de Norte a Sul, de Leste a Oeste, pelos maravilhosos sotaques e diferentes maneiras de se colocar os pronomes, conjugar verbos e construir frases.

Obviamente, não podemos e nem devemos prescindir da norma padrão da Língua Portuguesa, em especial no exercício do jornalismo e da comunicação empresarial. Isso, contudo, não significa abdicar do delicioso coloquialismo regional da internet, que é literatura popular democratizada pela tecnologia!

"A internet é perigosa para o ignorante e útil para o sábio".

UMBERTO ECO

Uma reflexão importante sobre a polêmica disputa entre o impresso e o eletrônico e o canibalismo entre as mídias

É recomendável que jornalistas, relações públicas, alunos e professores da área participem ativamente da discussão relativa ao risco de extinção das mídias impressas ante a concorrência com a internet e outros meios eletrônicos contemporâneos. Entender com clareza todo esse processo de transformação é essencial para quem atua no mercado, inclusive profissionais da comunicação a serviço de governos e empresas privadas, cujas estratégias não devem ignorar a força da Web e as novas tendências da imprensa.

Muito ainda tem de ser estudado e analisado sobre essa questão. Porém, apesar do fechamento de jornais e revistas e a redução do número de páginas que se verifica no Brasil e em vários países, é preciso analisar com mais equilíbrio a real relação de causa-efeito entre esse fenômeno e o advento das mídias eletrônicas. Não se pode simplesmente ignorar algumas consequências resultantes do *boom* da internet e das fulminantes transformações que propiciou à comunicação. Negá-las seria o primeiro passo para uma atitude passiva ante algo que exige mobilização, mudanças, ousadia e postura competente de toda a cadeia produtiva da comunicação impressa.

Em nosso país, tivemos, nos últimos anos, o fechamento da *Gazeta Mercantil* e do *Jornal da Tarde* e a transformação do *Jornal do Brasil* e da *Gazeta Esportiva* em veículos on-line. Estes, considerada a tradição das marcas jornalísticas envolvidas, são os exemplos mais marcantes. Porém, se analisarmos a questão mais profundamente, veremos que o problema desses veículos não é atrelado apenas à concorrência dos meios eletrônicos. Podemos compará-los a organismos já debilitados por distintas causas, que não é o caso de abordar aqui, e que, por isso, não resistiram ao ataque pontual de um vírus; ou que, embora saudáveis e robustos, não souberam tomar a vacina certa para se prevenir diante de uma nova doença.

Um aspecto a ser observado refere-se à regra geral de sobrevivência em todos os mercados de concorrência acirrada: é necessário enfatizar os diferenciais e valorizar os melhores atributos, valores e expertises. Considerando tal premissa, não há dúvida de que a grande vantagem competitiva da mídia impressa é a credibilidade. Numerosos estudos já demonstraram que a tinta sobre o papel agrega esse valor à comunicação. A imprensa, portanto, precisa capitalizar esse diferencial. O tema também é objeto de pesquisas acadêmicas e análises de abalizados estudiosos e intelectuais.

O genial escritor e linguista italiano Umberto Eco explica a percepção de confiança no impresso em uma frase cirúrgica: "A internet é perigosa para o ignorante e útil para o sábio, pois ela não filtra o conhecimento e congestiona a memória do usuário". A mídia impressa, nesse contexto, tem a capacidade, que, aliás, deve exercer com senso ético e competência, de ser a mediadora da verdade e fiadora dos fatos. Não se deve prestar às versões, que campeiam nas páginas libertárias da Web.

Em nosso país, prevalece a tendência de maior credibilidade da mídia impressa. Alguns estudos têm demonstrado isso, como a Pesquisa Brasileira de Mídia 2014, realizada pelo Ibope, para a Secretaria de Comunicação Social da Presidência da República. O brasileiro passa quase quatro horas por dia conectado à internet e tem a TV como meio de comunicação predileto, mas confia mais na notícia publicada em jornal impresso.

O jornal impresso é o veículo de maior credibilidade: 53% das pessoas consultadas responderam que confiam sempre nele. O mesmo percentual afirma acreditar poucas vezes em notícias veiculadas na Web. Redes sociais e blogs nunca são confiáveis para 20% dos entrevistados e os portais eletrônicos, para 16%. A amostragem da pesquisa é expressiva: foram entrevistadas 18.312 pessoas, em 848 municípios de todos os Estados.

É fundamental que a imprensa brasileira fique atenta às tendências e indicadores. Não é prudente atribuir quedas de tiragens, redução de páginas e perda de publicidade apenas ao advento dos meios eletrônicos. É importante fazer autocrítica e investir no diferencial da credibilidade, o que implica imparcialidade e não sectarismo. Informar corretamente o leitor deve ser prioritário. A pesquisa do Ibope mostra que os brasileiros esperam isso da mídia jornalística.

À credibilidade somam-se outros atributos capazes de contribuir para a atratividade de jornais e revistas impressos: produção de reportagens e conteúdos exclusivos; qualidade do texto (forma, informação, correção gramatical, fontes abalizadas e consistência dos dados; diagramação bonita e atraente; e recursos visuais das artes gráficas). Investir nesses itens é mais produtivo do que ficar lamentando a concorrência da internet.

Prova disso é que veículos de comunicação importantes começam a perceber que a Web não é a raiz basilar de seus males. Um ano e dois meses após a publicação do que foi chamada de sua última edição impressa, a revista *Newsweek* voltou, em março de 2014, às bancas de Nova York. A publicação norte-americana, com assinantes em todo o mundo, tinha circulação de 1,5 milhão de exemplares no final de 2012, quando encerrou as edições impressas.

O diário californiano *Orange County Register*, depois de ter perdido páginas e encolher, passou a investir nos atributos da comunicação impressa. Com isso, passou a ampliar a tiragem, aumentando o número de páginas e contratando jornalistas. Sua redação já estava com 360 profissionais em outubro de 2014. Um dos segredos é justamente produzir material exclusivo em seus dez cadernos, mantendo foco no noticiário local e, assim, se diferenciando como informativo para a população. São vendidos 130 mil exemplares nos dias úteis e 300 mil aos domingos. A imensa maioria dos leitores lê a versão impressa, reforçando a receita publicitária.

Revistas e jornais impressos podem ser perenes. A eles próprios cabe garantir o seu futuro. Dentre os sete bilhões de habitantes da Terra, há público para todas as mídias. Nesse contexto, os distintos meios devem complementar-se no processo de difusão de conhecimento e informações. É preciso romper o paradigma do canibalismo entre eles. Educação é o fundamento básico e a grande conquista da humanidade para que a comunicação, impressa e eletrônica, seja cada vez mais ampla, democratizada e cumpra sua missão como catalisadora do desenvolvimento.

CAPÍTULO **3**

Informação, sim, especulação, jamais

Nas ações de comunicação, é imprescindível fornecer à mídia conteúdos úteis e desejados pelo cidadão, a sociedade ou segmentos específicos. Esse foco, que foi se edificando e consolidando à medida que a democracia estabeleceu-se no plano político, a tecnologia ampliou o acesso à informação e a competitividade tornou-se o principal parâmetro de todos os mercados, deve ser considerado em todo trabalho de assessoria de imprensa, em especial no setor estatal.

Caso o assessor e o departamento de comunicação não se pautem por essa premissa básica, terão sérias dificuldades para conquistar o interesse e o respeito da mídia jornalística. Portanto, enfrentarão obstáculos quase intransponíveis para tornar o órgão que representam fonte recorrente dos jornalistas e obter espaços de divulgação.

Esses conceitos precisam ser transmitidos com clareza ao político ou dirigente estatal. Sua imagem como autoridade será positivamente construída no bojo de um trabalho voltado à prestação de serviços, ao atendimento rápido e respaldado por dados concretos às solicitações dos jornalistas, concessão de entrevistas periódicas e transparência das ações perante os que pagam impostos. Notícias sobre o acesso e utilização de serviços nas áreas da saúde, educação, segurança e utilidade pública em geral são temas imprescindíveis na rotina do trabalho.

Conteúdos de cunho político também interessam à sociedade e, consequentemente, aos jornalistas e veículos de comunicação. Assim, é desejável que a assessoria atue nesse campo, informando corretamente a imprensa sobre temas como a substituição de secretários de Estado ou a posição da autoridade com relação a um grande tema político nacional, regional ou mundial. O que precisa ser rigorosamente evitado é a especulação. A mídia deve identificar na assessoria uma fonte segura, confiável e precisa.

Informações políticas fidedignas são uma das bases de sustentação da credibilidade da assessoria de imprensa governamental.

A assessoria que se presta à especulação política (estratégia às vezes utilizada equivocadamente para conquistar a simpatia dos jornalistas) acaba perdendo a credibilidade da imprensa. Mesmo os repórteres e editores que se utilizam desse tipo de notícia especulativa para tentar "furos" acabam percebendo, mais cedo ou mais tarde, a inconsistência das informações. O governante, por sua vez, termina por perder a confiança em sua assessoria, ao compreender que ela própria é fonte de notícias sem fundamento.

A assessoria deve, sim, informar a imprensa sobre temas políticos concretos, como o lançamento da candidatura do chefe do Executivo à reeleição, coligações ou a ampliação da base de sustentação no Legislativo. A especulação, porém, acaba roubando a credibilidade de notícias de impacto, quando estas realmente correspondem à verdade ou a uma decisão concreta da autoridade.

Na cobertura de entrevistas coletivas, para produção de release a ser distribuído aos veículos, eventuais informações que possam ter cunho especulativo devem ser incluídas com muito critério e cuidado pela assessoria. Por exemplo:

Respondendo pergunta feita pelos jornalistas, o governador disse que sua "eventual candidatura à reeleição será decidida democraticamente pelo partido..." Jamais se deve colocar diretamente no release que a candidatura do governador será democraticamente decidida pelo partido.

Esta sutil diferença na forma de redigir o release pode suscitar mudança de enfoque no noticiário. A frase ganha status de "verdade" se a assessoria de imprensa a escrever sem aspas e sem esclarecer que o governador não falou espontaneamente sobre a eventual candidatura, mas sim respondendo questão levantada por um jornalista.

Atenção | O release da assessoria de imprensa é um documento emitido pelo governo. Para os jornalistas e veículos de comunicação, portanto, trata-se de palavra oficial.

CAPÍTULO 4

Rede de informações jornalísticas e fontes coesas são essenciais para ações proativas e prevenção de crises

É fundamental a adequada montagem e operação de uma rede eficiente de informações a ser compartilhada por todo o organismo estatal e com a sociedade. Também é importante identificar as fontes das boas e más notícias, para corrigir em tempo os rumos da estratégia de comunicação.

Deve-se estabelecer ampla e eficiente rede de informação/notícia, abrangendo toda a estrutura do poder em questão: gabinete do chefe do Executivo (presidente da República, governador ou prefeito); presidência das casas do Legislativo (Senado/Congresso, Câmara dos Deputados, Assembleia Legislativa ou Câmara de Vereadores); e direção dos organismos do Judiciário (Tribunal de Justiça de cada Estado, Superior Tribunal de Justiça, Tribunal Superior Eleitoral, Tribunal Superior do Trabalho e Supremo Tribunal Federal).

No plano tecnológico, obviamente, hoje há numerosas e eficazes ferramentas para estruturar essa rede de informação compartilhada. O mais complexo e importante, no caso, é estabelecer linguagem congruente e inserida num contexto programático de ação, em especial no Poder Executivo.

A ausência de uma linguagem coesa em toda a máquina estatal dá margens a muitos equívocos na comunicação com a imprensa e, portanto, com a sociedade. Também oferece fartos argumentos para críticas da oposição sobre a falta de coerência do governo e clientelismo (este estigma, mesmo quando não ocorre, parece configurar-se, em termos de imagem, quando um governo tem ações muito segmentadas e dispersas, sem vínculo com um programa de políticas públicas articuladas).

A coesão do discurso é absolutamente necessária, considerando-se a existência de distintos fluxos diretos de distribuição de informação à imprensa. O primeiro deles nasce na assessoria de imprensa central (a do Palácio do Governo, por exemplo) e os demais, em cada um dos organismos estatais.

É preciso que os grandes temas, em especial os ligados ao eixo programático da administração e os de caráter político, sejam objetos de periódicos seminários dirigidos a todos os profissionais de comunicação da máquina estatal. Assim, a linguagem estará sempre afinada. Secretários de Estado, presidentes de autarquias e empresas de economia mista, assessores, técnicos e todos os interlocutores do governo com a imprensa devem participar desses encontros.

Também é aconselhável que todo o público interno que se comunica diretamente com os jornalistas tenha cursos de *media training*. Afinal, esses interlocutores são responsáveis por parcela expressiva da imagem da administração. Desenvolver e estruturar uma política correta e eficiente de comunicação é um exercício árduo, porém imprescindível, pois dele depende, em grande parte, o sucesso do governo.

Para se identificar melhor o peso de cada fonte e avaliar corretamente como a imagem governamental está sendo levada à opinião pública, periodicamente, de preferência a cada trimestre, deve-se fazer estudo do *clipping* das matérias sobre a administração veiculadas na grande imprensa e mídias regionais, impressas e eletrônicas. Assim, é possível apurar quais temas e áreas são fontes de noticiário positivo e quais mais comprometem a imagem. Por meio dessa pesquisa, que deve incluir entrevistas qualitativas com jornalistas dos veículos de comunicação, é possível diagnosticar e corrigir praticamente todas as causas das notícias negativas sobre o governo.

Estatisticamente, as principais causas de matérias negativas são as seguintes:

- Problemas reais nas relações com a comunidade (corrupção, incompetência, negligência na gestão e atendimento ao público, deficiência de serviços de saúde, segurança e educação, dentre outros).

- Problemas reais nas relações com a imprensa (mau atendimento aos jornalistas e veículos por parte da assessoria de imprensa ou dirigente do órgão gerador das notícias negativas).

- Críticas da oposição.

- Denúncias mentirosas.

- Posição política/interesses de jornalistas e veículos e sectarismo da mídia.

Por meio do estudo do *clipping* (conjunto das matérias e conteúdos do cliente veiculados na mídia), é possível identificar com clareza todos os focos das notícias negativas. Mais do que isso, é possível corrigi-los ou atenuá-los.

Caso a origem seja um erro ou deficiência real de uma área do governo, a questão é mais simples e de rápida solução, desde que haja, claro, vontade política. Adotada a medida saneadora por parte do governo, a comunicação deve ser feita com objetividade e clareza à imprensa. Assumir o erro, corrigi-lo e informar isso à sociedade é um processo que constrói relações de confiança com a imprensa e a opinião pública. Quando a origem é o mau atendimento da assessoria de imprensa aos jornalistas e aos veículos, o problema também é de fácil resolução. Basta passar a atender bem. É simples assim.

Por outro lado, quando se depara com denúncias mentirosas de distintas fontes ou críticas caluniosas da oposição, não é possível impedi-las de chegar aos veículos de comunicação. Entretanto, é perfeitamente factível e necessário dialogar com os repórteres e editores, mostrando-lhes o caráter duvidoso e inverídico das informações e as razões presumíveis ou concretas pelas quais suas fontes as tentam plantar na imprensa.

O jornalista, ao entender com clareza essa questão, irá tornar-se mais resistente à veiculação das matérias, pois não gosta de se sentir usado. Além disso, estabelece uma relação de confiança com o assessor de imprensa e tenderá a procurá-lo antes de publicar uma nova denúncia. No mínimo, em situações como essa, obtém-se espaço simultâneo ao da crítica para veicular a versão do governo atacado. É imperioso, sempre, reivindicar o benefício da dúvida, pois ninguém pode permanecer acusando impunemente pessoas físicas, jurídicas e instituições, sem que sejam apresentadas provas. Quando o problema está na posição parcial do jornalista ou do veículo de comunicação, movida pelos mais distintos interesses, deve-se iniciar o processo de busca de soluções por meio do diálogo.

Em todos os casos anteriormente citados, deve-se evitar ao máximo recorrer à Justiça, pois isso pode criar um círculo vicioso de denúncias e ações nos tribunais. Porém, na ausência de soluções de bom senso ou dependendo da gravidade da acusação (calúnia, injúria ou difamação), não se pode prescindir do Judiciário.

Não se pode, entretanto, em quaisquer circunstâncias, tornar o governo e a assessoria reféns da fonte de informação, do jornalista ou veículo que assumam atitude inescrupulosa, injuriosa, difamatória ou caluniosa. A passividade e omissão perante situações como essas atentam contra os preceitos essenciais da liberdade de imprensa e de expressão. Há que se considerar a contrapartida da responsabilidade. Somente com esse equilíbrio, a credibilidade da informação será um paradigma arraigado no âmago da sociedade.

O estudo estatístico e analítico do *clipping* permite prestar serviço inestimável à sociedade e ao próprio governo, eliminando focos de corrupção e ineficiência e melhorando as relações com a imprensa.

CAPÍTULO 5

Gerenciamento de crises

O pressuposto ético e as normas técnicas que contribuem para a credibilidade

Construir artificialmente a imagem de uma personalidade pública é tarefa factível, mas efêmera. Estratégias de comunicação não resistem a um velho, célebre e sábio ditado: é impossível enganar todos por muito tempo...

A argúcia, romantismo, astúcia, demagogia, populismo ou o carisma dos antigos políticos, mesmo que alguns ainda não tenham percebido, deixaram de ser parâmetros das relações do governo e do Estado com a imprensa e a sociedade. O avanço da democracia, a valorização da cidadania e o acesso mais amplo à informação não permitem amadorismo, improvisos, falta de ética e postura empírica nesse processo.

A mensagem das urnas, em várias das eleições mais recentes, demonstrou que nem mesmo a reconhecida criatividade publicitária brasileira, os investimentos vultosos na produção dos programas da propaganda eleitoral gratuita no rádio e TV e a contratação a peso de ouro dos mais badalados marqueteiros foram suficientes para subverter a consciência política do eleitorado. Num país que cansou de ser mera promessa para o futuro e deseja ascender ao primeiro mundo, vencer uma eleição e governar implicam imensa responsabilidade em termos de transparência e interação com todos os segmentos da sociedade.

Essa nova realidade ficou muito clara a partir da onda de manifestações populares iniciadas em meados de 2013. Independentemente do forte componente político desses movimentos, a verdade é que eles expressam um novo sentimento da sociedade civil organizada. É de se lamentar, apenas, os atos de vandalismo de grupos minoritários infiltrados nas passeatas e, ao mesmo tempo, o exagero da repressão policial em alguns casos. São dois extremos que atrapalharam um pouco, mas não deslegitimaram a mobilização cívica da população em favor de mudanças, menos desigualdades e mais eficácia do Estado como instrumento da qualidade da vida.

Outro sintoma dos avanços no processo de politização e empoderamento dos cidadãos brasileiros encontra-se na Copa do Mundo da FIFA, em 2014. Polêmicas à parte sobre os benefícios ou prejuízos de o País ter sediado a competição, o fato é que a população, em sua maioria, curtiu o torneio e o vivenciou de modo intenso, apesar do fraco desempenho da Seleção Brasileira. No entanto, o maior evento esportivo mundial não desmobilizou a consciência do povo quanto às suas reivindicações e não influenciou o processo eleitoral como alguns esperavam que acontecesse.

Considerando-se todas as questões analisadas no início deste capítulo, fica evidente que o primeiro pressuposto no exercício da comunicação governamental é a ética. Tal virtude tem de ser a marca registrada da assessoria ou secretaria de comunicação e imprensa, a começar de seu titular. Nesse aspecto, uma das questões mais delicadas e polêmicas é relativa à postura a ser adotada quando pairam dúvidas sobre a probidade do chefe do Executivo ou do órgão do Legislativo ou do Judiciário a que se presta serviço.

Nesses casos, é preciso considerar, em princípio, que todo mundo é inocente até que se prove o contrário. Assim, sem assumir o papel do advogado, que jamais lhe caberá, o assessor de imprensa, quando necessário e pertinente, deve divulgar à mídia comunicados oficiais da autoridade citada, em que esta reivindica o benefício da dúvida e/ou o desmentido de alguma notícia. Ao agir assim nessas ocasiões, o profissional realizará um trabalho de gerenciamento de crises correto sob os aspectos ético e técnico.

Não cabe à assessoria a distribuição de material retórico, defendendo intransigentemente o prefeito, o governador, o presidente da República ou de uma das instituições do Legislativo ou do Judiciário. O que se pode e se deve fazer é informar, por exemplo, que "segundo parecer do juiz da 5555ª Vara da Justiça, que acatou recurso da Advocacia Geral do Estado, o processo nº 2222222 será remetido a instância superior"; ou: "Questionado pelos jornalistas presentes à inauguração da creche, o governador afirmou: 'Sou inocente. A própria Justiça reconhece isto'".

Jamais, portanto, o material da assessoria de imprensa deve ter formas como esta: "Numa prova de que considera o governador inocente, o juiz acatou recurso e remeteu o processo para instância superior"; ou: "O governador é inocente. A própria Justiça reconhece isto".

É muito importante perceber a imensa diferença de conceito suscitada pela simples variação do tempo verbal ou de quem assume a informação no texto: o narrador, ou seja, o jornalista assessor de imprensa ou a autoridade sob suspeição. O que parece ser mera sutileza pode determinar a credibilidade ou o descrédito da assessoria de imprensa. Quando o seu comunicado contribuir tecnicamente para que se atenda à missão básica do bom jornalismo de ouvir todas as partes envolvidas em uma denúncia, inclusive os acusados, estará prestando um bom serviço à própria autoridade, ao reduzir as desconfianças de manipulação da informação prestada à mídia e à sociedade (mais transparência!).

Formas com mais credibilidade no gerenciamento de crises

O governador disse que é inocente (terceira pessoa do singular, mas sem que a afirmação parta do jornalista assessor de imprensa, que apenas está reportando a fala da autoridade denunciada).

"Eu sou inocente", disse o governador (primeira pessoa do singular, mas com a afirmação sendo feita, inclusive com aspas, pela autoridade denunciada).

O juiz acatou o recurso a favor do prefeito (terceira pessoa do singular, também sem afirmação do jornalista assessor de imprensa).

Formas sem credibilidade

O governador é inocente (terceira pessoa do singular, mas com o jornalista assessor de imprensa assumindo a afirmação).

O juiz acatou o recurso, numa clara demonstração de que o prefeito é inocente (primeira oração na terceira pessoa do singular, mas seguida de comentário e juízo de valor emitido pelo jornalista assessor de imprensa).

Considerando a morosidade da Justiça brasileira, há processos contra autoridades que se prolongam por anos. Porém, a culpa ou inocência de um chefe de Executivo e o trâmite de ações judiciais não podem paralisar o governo e as atividades da saúde, educação, segurança, transportes, obras, investimentos, recolhimento de impostos, coleta e tratamento do lixo, saneamento básico e, claro, comunicação. É preciso continuar informando a imprensa e a sociedade sobre os serviços públicos, conforme é descrito no segmento deste livro que trata dos amplos temas das pautas diárias a serem distribuídas à mídia.

Independentemente de qualquer outra questão, a assessoria deve manter os serviços que presta à imprensa, de transmitir informações de utilidade pública e/ou capazes de contribuir para a melhoria da saúde, da educação, da segurança; informações de caráter político e econômico, que podem mudar a vida das pessoas e empresas, derrubar ou estimular as bolsas de valores, incentivar ou retardar investimentos.

Por isso – também ao contrário do que muitos pensam e praticam –, a comunicação do governo não pode ser personalista, pois construir artificialmente a imagem de uma pessoa pública é tarefa factível, mas efêmera. O verdadeiro estadista ou chefe de uma das instituições dos Três Poderes torna-se lembrado por sua obra, ética, coerência ideológica, senso de realidade, competência e, sobretudo, pela implementação de políticas públicas eficazes na transformação positiva da cidade, do estado, do país ou dos serviços efetivamente prestados à sociedade pelo Legislativo e o Judiciário. E não há política pública de fato eficiente sem a devida transparência – pressuposto inalienável da ética –, que só o olhar da imprensa pode garantir.

No chamado gerenciamento de crises com a imprensa – no exemplo em questão: um processo ou acusações de improbidade de um governante –, a assessoria tem grande e preciosa oportunidade de construir relacionamento de muita credibilidade com os jornalistas e meios de comunicação, inclusive em benefício do político ou autoridade sob suspeição. É essencial, para isso, trabalhar de maneira correta sob o ponto de vista técnico e ético.

Conceito básico de gerenciamento de crises

Preservação e/ou recuperação da imagem de um político, autoridade, instituição ou empresa que enfrente denúncias de qualquer ordem, perante a mídia e a opinião pública (externa e interna).

Missões da assessoria de imprensa no gerenciamento de crises

Defender o benefício da dúvida e o direito do acusado de expor sua versão dos fatos; aconselhar o denunciado, quando for o caso, à assunção dos erros e formulação de argumento lógico de explicação; comunicar as argumentações da defesa à sociedade, por meio da imprensa e redes sociais, e ao público interno, via *news letter*, intranet e mídias próprias. Esta observação, aliás, vale para toda atividade de assessoria de imprensa no gerenciamento de crises, seja no setor público ou no privado.

É por isso que a postura ética tem de ser fator condicionante para a assessoria de imprensa e seus recursos humanos. O secretário de Comunicação ou titular do setor não pode ser ou tolerar "fantasma" em sua repartição; não pode contratar serviços sem licitação pública; não pode receber comissões de fornecedores terceirizados; não pode oferecer propinas e/ou facilidades a jornalistas. Ou seja: não pode ter o chamado "telhado de vidro".

Estratégias para o gerenciamento de crises contra a imprensa falaciosa

Um dos problemas mais graves na área da comunicação de prefeituras de municípios interioranos, em especial nos de menor porte, é a interação com os veículos locais. Há numerosos casos de sectarismo excessivo por parte de jornais, emissoras de rádio, sites e blogs. Tal posicionamento, que às vezes leva ao total desprezo dos padrões civilizados mínimos do jornalismo, deve-se a distintos fatores: desde a disputa por verbas publicitárias, até a ideologia, adesão partidária, amizade e/ou laços familiares fortes com políticos da cidade.

No tocante ao assédio pecuniário, é inaceitável ceder a ele como fator condicionante a um noticiário positivo. Isso não significa cortar as verbas normais e razoáveis de propaganda relativas à publicação de editais ou campanhas de utilidade pública, por exemplo. Tudo, porém, dentro de normas e padrões civilizados e não viciados de utilização da mídia. Quando o motivo do jornalismo virulento e parcial contra o prefeito ou vereador não é de caráter financeiro, mas pessoal ou político, não há perspectivas muito viáveis para a busca de soluções.

Sejam quais forem as razões e circunstâncias da perseguição por parte da mídia, o certo é que nenhum prefeito ou vereador pode tornar-se refém da imprensa de sua cidade. É preciso atender com solicitude e transparência aos pedidos de informações e entrevistas, mas sem quaisquer concessões comprometedoras dos preceitos da boa administração, prejudiciais ao erário público ou danosas à imagem futura do governante ou parlamentar. É sempre melhor enfrentar e vencer a calúnia, a injúria e a difamação do que acabar fazendo *jus* a denúncias concretas, por causa de atos irregulares, como suborno, para calar jornalistas inescrupulosos.

A tentativa de entendimento deve ser buscada até o limite extremo das possibilidades. O melhor é que essa intermediação seja feita por meio da assessoria de imprensa, de modo a conferir escopo rigorosamente profissional ao processo. Esgotados, contudo, os canais de diálogo, devem ser adotadas providências estratégicas, respeitosas à ética e aos princípios republicanos, para minimizar ou anular os efeitos do noticiário intransigente na opinião pública.

A primeira medida é parar de conceder entrevistas e enviar notícias da prefeitura ou da Câmara Municipal ao veículo praticante da intolerância jornalística. Como ele distorce toda e qualquer informação, utiliza linguagem panfletária e publica inverdades, não há constrangimento na atitude de parar de atendê-lo. Como suporte a tal postura, é preciso enfatizar algo fundamental: liberdade de imprensa e expressão, valor indefectível da democracia, também significa direito ao silêncio.

Com essa primeira ação, o jornal, rádio, site ou blog inconsequentemente verborrágico passará a ser "furado" com frequência pelos demais veículos de comunicação da própria cidade, que oferecerão ao público conteúdos que o concorrente não terá. Havendo outros jornais, emissoras de rádio e mídias da Web mais imparciais e praticantes de um jornalismo correto, deve-se privilegiá-los com as informações. Outra estratégia eficaz é passar a interagir com mídias regionais, estaduais e nacionais, cujo noticiário acabará se contrapondo, com mais peso, ao tom falacioso do veículo local.

Cabe um alerta e uma ressalva: a estratégia citada anteriormente não deve jamais ser utilizada como blindagem da prefeitura, Câmara dos Vereadores ou de qualquer autoridade dos Três Poderes ante a mídia. É preciso saber conviver com as críticas, utilizá-las de modo inteligente e ético para consertar erros e melhorar políticas públicas e respeitar a missão da imprensa como guardiã dos interesses da sociedade. É imperioso enfatizar: as medidas técnicas aqui sugeridas são os recursos extremos para enfrentar o jornalismo desonesto e parcial.

Quando há ruídos na comunicação, em especial no gerenciamento de crises, quem paga o pato é a sociedade

Certa vez, o competente e premiado publicitário paulistano Ruy Marum enviou-me interessante texto, de autoria, creio, desconhecida, que revela insólito diálogo de um homônimo seu, o antológico Barbosa, e um ladrão que tentava furtar patos no quintal da casa do emérito brasileiro, no Rio de Janeiro.

Na história, certamente uma ficção, Rui Barbosa surpreendeu o gatuno e lhe disse: "Oh, bucéfalo anácrono! Não o interpelo pelo valor intrínseco dos bípedes palmípedes, mas sim pelo ato vil e sorrateiro de profanares o recôndito da minha habitação, levando meus ovíparos à sorrelfa e à socapa. Se fazes isso por necessidade, transijo; mas se é para zombares da minha elevada prosopopeia de cidadão digno e honrado, dar-te-ei com minha bengala fosfórica bem no alto da tua sinagoga, e o farei com tal ímpeto que te reduzirei à quinquagésima potência que o vulgo denomina nada".

O ladrão, confuso, apenas perguntou: "Dotô, eu levo ou deixo os pato?".

Bom humor à parte, a narrativa ilustra muito bem o quanto os ruídos na comunicação podem ser nocivos para empresas, entidades de classe, ONGs, governos, organismos multilaterais e nações. Evidencia, ainda, a importância dos serviços especializados de assessoria de imprensa e relações públicas, internos e/ou terceirizados, bem como a atuação dos profissionais do setor.

São frequentes os exemplos de graves equívocos na área de comunicação, nos setores público e privado, cujas consequências invariavelmente prejudicam as organizações envolvidas, seus dirigentes, colaboradores e, conforme a gravidade e extensão do problema, seus fornecedores, clientes e toda a rede de relacionamento. O comprometimento da imagem corporativa ou governamental, muitas vezes advindo de erros comunicacionais e não de fatos efetivamente concretos, sacrifica empregos, derruba bolsas de valores e desencadeia ondas de desconfiança no mercado, dentre outros problemas, de maior ou menor gravidade.

Observando o cotidiano das empresas, do mercado e do noticiário nacional e internacional, é possível verificar que os principais erros de comunicação acontecem no chamado gerenciamento de crises, e normalmente atrelados à falta de transparência. Assim, é preciso que se dissemine a definitiva consciência de que, na era da internet e das mídias sociais, não se consegue esconder a verdade ou parte expressiva dela. A Web é inconfidente, indiscreta, patrulheira e fiscal.

Quando uma organização, pública ou privada, tem um problema real, a melhor maneira de extirpá-lo da mídia de modo rápido e eficaz é admiti-lo publicamente, informar as providências tomadas para resolvê--lo e restabelecer os direitos das pessoas eventualmente prejudicadas. Ao agir assim, a empresa, órgão governamental ou entidade coloca um ponto final na questão e sai com a imagem valorizada. Ao contrário, se tenta dissimular e se esquivar, continuará sendo atacada na Web e alvo dos repórteres e meios de comunicação, no cumprimento de sua importante e indispensável missão, nas nações democráticas, de elucidar os fatos que afetam a sociedade.

Nunca se deve esquecer algo inexorável: nesta civilização complexa e compulsivamente geradora de informações, conhecimento e notícias, a comunicação é o ponto de referência dos indivíduos em relação ao mundo, ao país e ao bairro em que moram, à empresa em que trabalham e às instituições que regem sua interação com o Estado e a comunidade. Por essa razão, os equívocos nessa área têm consequências cada vez mais graves. Afinal, quando são muitos os ruídos na comunicação, quem paga o pato é a sociedade, que fica tão desnorteada quanto o ladrão da casa de Rui Barbosa.

A nova lei do Direito de Resposta

No tocante ao gerenciamento de crises, é importante conhecer a Lei 13.188, de autoria do senador Roberto Requião (PMDB-PR), sancionada em 11 de novembro de 2015 pela presidente Dilma Rousseff, que restabelece ritual jurídico mais rápido para o direito de resposta na imprensa. Para alguns, tratou-se de uma reação de autodefesa da classe política ante o avanço das investigações, detenção, julgamento e condenação de ocupantes de cargos eletivos, lideranças partidárias, ministros, ex-ministros e dirigentes de grandes companhias, até hoje intocáveis. Outros, dentre os quais se incluem as entidades de classe representativas dos veículos de comunicação, acrescentam ser um retrocesso, considerando que a nova norma é muito semelhante a uma disposição da antiga lei de imprensa, editada na ditadura militar, revogada pelo Supremo Tribunal Federal (STF).

Tecnicamente, a Lei 13.188 é redundante, apenas apressando, em tese, um procedimento já presente na legislação ordinária: o Judiciário já vinha decidindo sobre pedidos de direito de resposta com base nos códigos Penal e Civil. Em termos práticos, a aplicação da nova norma é um tanto inócua.

Vejamos: a resposta a uma determinada ofensa ou a retificação de informação errada deve ser proporcional ao prejuízo. Pessoas ou instituições vítimas de calúnia, injúria e difamação têm prazo de 60 dias, a partir da veiculação da informação, para pedir resposta ou retificação, proporcional ao prejuízo, em caráter administrativo. Caso o veículo de comunicação não atenda à solicitação em sete dias a contar do pedido, o ofendido pode recorrer à Justiça, que terá 30 dias para deliberar sobre o assunto. O juiz poderá, antes mesmo da decisão final, multar a empresa de comunicação. A pessoa ofendida também pode ajuizar outra ação em busca de indenização para reparação de danos.

No entanto, os veículos poderão retardar ao máximo a publicação e até mesmo não atender ao pedido administrativo da resposta, forçando ações judiciais. Outra estratégia de jornais, revistas, sites, rádios e TVs, mesmo ante a determinação judicial para que o direito de resposta seja exercido, pode ser a insistência no assunto, gerando novas ações judiciais. Cria-se, assim, um círculo vicioso.

Diante de todas essas possibilidades, o melhor continua sendo, a não ser em casos extremos, o gerenciamento dessas situações com a imprensa com base nas mais contemporâneas técnicas da comunicação, que se mostram eficazes na maioria das situações, preservam a imagem da pessoa física ou jurídica ofendida e estabelecem um relacionamento de mais confiança e proximidade com os veículos, minimizando a gravidade de eventuais situações futuras.

CAPÍTULO **6**

O estratégico e imprescindível serviço de *clipping*

O *clipping*, como se viu anteriormente, é uma ferramenta estratégica fundamental. No dia a dia, é imprescindível para o acompanhamento de todo o noticiário sobre o governo ou organização pública ou privada e temas correlatos, regionais, nacionais e internacionais que mereçam repercussão por parte da autoridade ou resposta a ataques, acusações e reclamações da sociedade.

No entanto, manter um *clipping* eficiente é uma das maiores dificuldades operacionais da assessoria de imprensa no governo. Por esse motivo, uma alternativa tem sido a terceirização do serviço, por meio da devida licitação. A montagem e a operação de estrutura própria acarretariam investimento inicial alto, custeio elevado e grande número de profissionais, apresentando baixa relação de custo-benefício.

Próprio ou terceirizado, o *clipping* deve ter, necessariamente, alguns atributos mínimos de eficácia e excelência:

- Ser disponibilizado diariamente até as 9 horas para os profissionais da assessoria de imprensa e todos os destinatários que a ele devem ter acesso.

- Conter, na seguinte ordem: conteúdos que citem diretamente o cliente; matérias sobre problemas, incidentes, cataclismos, ocorrências policiais, convulsões sociais e outros episódios consentâneos à responsabilidade do poder público; editoriais dos veículos e artigos de opinião das lideranças empresariais, sindicais, políticas e do Terceiro Setor, para que o cliente conheça rotineiramente o pensamento e os anseios de todos os segmentos da sociedade.

- Compilar o noticiário dos principais veículos, nacionais, estaduais e locais, incluindo jornais, revistas, rádios, televisões e sites jornalísticos da Web.

- Estar disponível nos computadores dos destinatários e apresentar facilidade de abertura, leitura e busca dos conteúdos.

- Ser disponibilizado na intranet da organização, caso o cliente, público ou privado, entenda que todos os colaboradores e funcionários devam compartilhar as informações.

- Ter abertura com um resumo do noticiário principal, permitindo rápida assimilação dos principais fatos do dia.

- No caso de governo, ser fornecido também nos finais de semana, ao contrário do que normalmente ocorre na iniciativa privada.

CAPÍTULO 7

A contratação de assessorias terceirizadas

A assessoria de imprensa tem de ser, sempre, o último reduto da ética, em todo governo, em quaisquer circunstâncias.

As empresas privadas atuando em regime de terceirização não devem fugir à regra. Há tendência crescente no mercado de se recorrer às agências de comunicação e assessoria de imprensa para a prestação de serviços ao setor público. Isso é muito saudável do ponto de vista técnico, profissional e em termos de oferta de postos de trabalho. Porém, é necessário que todos os procedimentos pertinentes à contratação sejam muito corretos.

Geralmente, tem-se contratado as assessorias de imprensa como subproduto e apêndice dos serviços de uma ou mais agências de publicidade vencedoras da licitação relativa às verbas de propaganda. Sob o prisma da Lei das Licitações e da apreciação dos Tribunais de Contas, esse modelo pode até ser aceitável. Porém, tal procedimento não resiste à análise sob a égide da ética e do caráter técnico, a não ser que a assessoria tenha total liberdade para trabalhar, sem qualquer interferência da área de publicidade.

Na ausência de licitação específica, a contratação indireta leva, muitas vezes, à prática de preços irreais, normalmente a maior em relação à média do mercado. Este fator já é suficiente para colocar em xeque todo o processo e, o que é pior, a credibilidade da assessoria de imprensa. A pergunta, então, é a seguinte: como contratar o assessor e a assessoria da confiança do governante e tecnicamente habilitados a realizar o trabalho?

Via de regra, o titular e principais profissionais de comunicação ocupam, legal e eticamente, cargos, inclusive em comissão, existentes na estrutura de recursos humanos do setor público. Cabe a eles estabelecer a filosofia e foco do trabalho. Assim, a realização de concorrência pública direta para a contratação da assessoria pode ser feita sem problemas, considerando a existência de empresas capacitadas a oferecer recursos humanos qualificados e toda a tecnologia necessária à execução de um projeto de comunicação.

O edital de licitação deve ser claro e muito detalhado, especificando os profissionais requeridos, incluindo exigências de proficiência em idiomas, pós-graduação, experiência em veículos de comunicação e outros diferenciais em termos de currículo. Da mesma maneira, precisa especificar as competências e os recursos tecnológicos exigidos, como: mailing amplo e sempre atualizado de jornalistas e veículos; um computador por profissional; recursos de segurança na guarda de arquivos e preservação da privacidade da rede de informática e internet; capacidade nacional e internacional de distribuição de matérias; fornecimento de *clipping* digitalizado da mídia impressa e eletrônico de rádio, TV e internet; *media training*; e descrição detalhada dos serviços a serem prestados, dentre outros recursos, estratégias e ações táticas. Pode parecer óbvio, mas muitos editais de licitação são omissos nessas questões básicas, suscitando equívocos na contratação e até irregularidades no processo.

Claro que o detalhamento refinado e a abrangência dos serviços, devidamente inseridos no edital público de licitação, atrairão empresas de porte, nível e experiência compatíveis com o escopo do trabalho. Dentre estas, normalmente a que ganhar a concorrência estará apta a cumprir com eficiência o projeto dos gestores da comunicação estatal. Além disso, licitação dessa natureza resulta em contratos muito mais próximos da realidade do mercado, que respeitam quem paga impostos, ou seja, o cidadão e a sociedade.

Os requisitos acima enumerados dizem respeito a serviços para projetos de grande volume e abrangência. Muitas vezes, contudo, podem ser feitas licitações para a contratação de agências pequenas, mas muito competentes e adequadas a trabalhos de menor porte. O importante é que seja realizada a concorrência pública adequada a cada *job*.

Todas essas considerações implicam grande responsabilidade também para as agências privadas de assessoria de imprensa e comunicação. Cabe a elas buscar excelência, experiência e conhecimento no atendimento ao setor público, credenciando-se a disputar um mercado real e promissor. A competência é fundamental para que a licitação torne-se prática cada vez mais frequente, reforçada pela certeza de que cumprir a lei e seguir a ética não impedem a contratação de empresas eficazes.

Mais do que nunca, é preciso deixar claro que o crime não compensa. Afinal, é desastroso e irônico transformar empresas e profissionais responsáveis pela imagem do governo em personagens das páginas policiais.

CAPÍTULO 8

Estrutura de recursos humanos da assessoria de imprensa central

A estrutura da assessoria de imprensa central (a que atende o Palácio do Governo da União, Estado ou município ou a presidência do Legislativo) deve ser de agência de notícias, possibilitando excelência e eficácia na missão de prestar serviços eficientes aos jornalistas, aos veículos de comunicação, aos cidadãos e ao cliente governamental. Atender bem a imprensa é vital.

A assessoria do gabinete central deve funcionar como verdadeira agência de notícias, com uma equipe eficiente de repórteres, chefia de reportagem/pauteiro, redatores e diretor de redação.

É preciso pensar numa equipe capaz de cobrir em período integral as atividades do gabinete e também de colher informação, em especial de utilidade pública, em todos os órgãos governamentais. É claro, o noticiário das distintas secretarias, autarquias e empresas de economia mista, no Poder Executivo, ou de comissões de educação, saúde e constituição e justiça, dentre outras, do Legislativo, deve ser suprido pelas respectivas assessorias de imprensa.

A estrutura ideal de recursos humanos da assessoria de imprensa central é constituída por duas turmas, trabalhando sete horas cada uma, em respeito, inclusive, à legislação que rege a profissão do jornalista. Pode-se, também, dependendo da demanda, estruturar duas turmas com jornadas de oito horas cada.

Nas agências de assessoria de imprensa privadas, os jornalistas cumprem regime de oito horas, conforme acordo coletivo específico para o setor, mas apenas eventualmente trabalham nos finais de semana e feriados. No governo, entretanto, a jornada de trabalho de sete horas, como nos veículos de comunicação, é mais adequada, pois há necessidade de plantões em todos os finais de semana e feriados.

Para suprir essas demandas, o mais adequado, portanto, é o parâmetro do acordo coletivo utilizado por jornais e revistas. Aqui cabe uma observação: cada vez mais se respeitam menos as jornadas de trabalho dos jornalistas. No plano operacional, para evitar improvisações, o ideal é manter escala de rodízio entre os profissionais. O mesmo aplica-se a viagens do chefe do Executivo, muito constantes, que devem ser cobertas pela assessoria de imprensa.

Cada turma, nos turnos de trabalho, deve ter:

- Chefe/diretor de Redação.
- Editor de texto para mídia impressa.
- Editor de texto para mídia eletrônica.
- *Ghost writer.*
- Pauteiro.
- Repórteres.
- Profissional de Relações Públicas.
- Fotógrafos.
- Secretária de Redação, para credenciamento da imprensa, organi-

zação de viagens, reservas de passagens e hotéis, envio de ofícios internos etc.

- Técnico/operador de ilha de edição de rádio.

- Pessoal auxiliar para fluxo interno e distribuição do material à imprensa (deve-se ter ferramentas eficientes de Internet e mailings eletrônicos, para envio de material à mídia; já o fornecimento, muito aconselhável, de releases eletrônicos para rádio, exige a manutenção de pequeno estúdio para edição das matérias e transmissão às emissoras).

Esta estrutura básica, obviamente, varia de acordo com a demanda. Deve-se procurar, sempre, a melhor relação custo-benefício na composição da equipe, tendo como referencial o profissionalismo e considerando ser necessário cobrir integralmente as atividades do gabinete e divulgar amplo material de prestação de contas e de serviços à sociedade, apurado em todos os órgãos da administração.

CAPÍTULO 9

Pautas de interesse público e banco de dados completo

As pautas da assessoria de imprensa governamental são as mais variadas e diversificadas, com possibilidades tendendo ao infinito.

Para exemplificar, segue-se exemplo pertinente a um governo estadual: campanhas de vacinação, com notícias detalhadas sobre horários, endereços dos postos, orientação médica sobre indicações e idades; funcionamento de serviços públicos no dia a dia e finais de semana (como postos de saúde, hospitais, delegacias de polícia e atendimento a menores); comunicados especiais sobre ações, providências e serviços do Estado em feriados prolongados (estradas/Polícia Rodoviária/atendimento de urgência nas rodovias, reforço da segurança e onde encontrar atendimento nos serviços básicos); boletins rotineiros sobre obtenção de documentos de identidade, atestados de antecedência e outros documentos; matrículas nas escolas estaduais; datas de vencimento de taxas e impostos; e todas as informações úteis à comunidade.

Qual veículo de comunicação verdadeiramente interessado em informar o público deixaria de publicar ou pôr no ar notícias como as acima exemplificadas? De fato, é muito trabalhoso captar essas informações diariamente em toda a máquina estatal. Porém, além de valer a pena, esta prestação de serviços tornará a assessoria de imprensa fonte obrigatória de consulta diária da mídia. A eficiência na prestação desse serviço e no atendimento aos jornalistas estabelecerá produtiva relação de confiança e sinergia com os veículos de comunicação.

A assessoria de imprensa central, portanto, deve ter acesso a todas as informações básicas do Estado, para respostas rápidas aos profissionais da mídia. Assim, é fundamental manter banco de dados sempre atualizado sobre serviços e obras, secretarias, autarquias e empresas de economia mista. Para os jornalistas que desejam fazer matérias ampliadas sobre qualquer tema, deve-se, sim, encaminhar a demanda ao assessor de imprensa do órgão competente, que terá informações mais detalhadas e agendará, se for o caso, entrevista com o secretário de Estado ou dirigente público da área.

O fluxo inverso também é fundamental. Ou seja, quando a imprensa procura informações em um organismo do Estado, o assessor, depois de atender à solicitação, pode ampliar a pauta, oferecendo aspas do governador ou informações sobre a política pública global em que se insere aquele interesse específico do veículo de comunicação. Nestes casos, o jornalista deve ser encaminhado à assessoria de imprensa do gabinete central.

Informações que jamais devem faltar no banco de dados da assessoria de imprensa central

- Dados econômicos completos – PIB do país, Estado ou da cidade, incluindo quanto representa em relação ao nacional e/ou mundial; suas subdivisões (agropecuária, indústria, comércio e serviços); número de empresas instaladas no Estado ou cidade; valores do comércio interestadual (compra e venda) e do comércio exterior (exportações e importações); e arrecadação dos principais impostos (IPI, na União, ICMS e IPVA, nos Estados, e ISS e IPTU, nos municípios).

COMUNICAÇÃO E ASSESSORIA DE IMPRENSA PARA GOVERNOS   65

- População (número de habitantes, mulheres, homens, crianças, índice de crescimento anual e densidade demográfica).

- Itens que compõem o IDH (Índice de Desenvolvimento Humano) e/ou estão ligados à qualidade de vida, como renda *per capita*, longevidade média da população, leitos hospitalares, número de crianças matriculadas nas escolas sob jurisdição do governo cliente, mortalidade infantil e dados relativos ao saneamento básico – percentual da população atendido com água e esgoto).

- Dados geográficos, como área do Estado ou município, clima, fronteiras, recursos hídricos e naturais.

- Atrações turísticas em geral e relação de parques, museus, teatros e áreas de passeios administrados pelo governo cliente.

- Informações precisas sobre os principais serviços públicos, como hospitais, postos de saúde, delegacias de polícia, escolas, matrículas escolares, vacinação no dia a dia fora das campanhas e obtenção de documentos.

- Informações atualizadas sobre todas as secretarias e organismos governamentais, incluindo os nomes dos titulares.

A ausência ou deficiência de informações como estas, constantemente procuradas pelos jornalistas (em geral às 20 horas das sextas-feiras), é uma das principais causas de atritos entre os profissionais dos veículos de comunicação e as assessorias de imprensa do setor público. Cobertos de razão, os repórteres reclamam da dificuldade em obter esses dados básicos.

Além de garantir o atendimento preciso e rápido dos jornalistas, manter todas aquelas informações atualizadas no banco de dados permite elaborar pautas de grande interesse da imprensa e da sociedade e muito úteis na construção de imagem institucional positiva do governo. Por exemplo: comparando os dados relativos ao IDH e qualidade de vida do primeiro e do último ano da administração, pode-se fazer excelente matéria sobre os avanços. O mesmo aplica-se a números da mortalidade infantil, atenção à infância e adolescência, crescimento econômico, moradia, saneamento básico, segurança pública e serviços do Estado.

Balanços semestrais, anuais e de todo o período da administração podem demonstrar à imprensa e à sociedade os resultados de políticas públicas eficientes.

CAPÍTULO 10

Produtos jornalísticos e material personalizado

> Notícias com linguagem de agência e avisos de pauta são os produtos jornalísticos rotineiros mais eficientes para o relacionamento diário com a imprensa.

A abordagem da mídia deve ser feita de maneira personalizada, considerando-se, sempre, as peculiaridades de linguagem de cada veículo. Esta regra, aliás, deve ser norma para o trabalho de toda assessoria de imprensa, inclusive do setor privado.

É importante manter boletins diários para o rádio, dirigidos aos editores (aqueles que escrevem os jornais radiofônicos), pautas para televisão com possibilidades de boas imagens e propostas de matérias adequadas a jornais, revistas, sites jornalísticos e ao interesse específico dos distintos segmentos da mídia.

Boletins para rádio e redes sociais. Boletins com frases curtas e objetivas servem a dois propósitos: alimentar o noticiário de rádio e as postagens nas redes sociais. Em ambos os casos, devem ser distribuídos pelo menos duas vezes por dia, em especial considerando os horários dos principais jornais das emissoras jornalísticas. Há ganhos de produtividade quando se usa o mesmo conteúdo (cuja linguagem serve perfeitamente às duas mídias) e esforço coeso de trabalho para sua divulgação.

Esses boletins serão muito bem-vindos, em qualquer emissora de rádio, informando sobre postos de vacinação, horários de atendimento de repartições públicas de interesse coletivo, datas de vencimento de contas e impostos, funcionamento de postos de saúde e plantões de serviços em feriados. Nas redes sociais, contribuem para a multiplicação de informações de alto interesse público e, portanto, geram curtidas, fãs e audiência e alto grau de interatividade.

Quem já trabalhou em rádio, tendo a missão de, a partir das 4 da madrugada, colocar seis horas de jornalismo no ar, sabe o quanto pode ser confortável receber um material como aquele, sem jeito de *release* e com informações de fato úteis aos ouvintes.

Detalhe importante: o envio diário dos boletins de rádio da assessoria de imprensa aos editores não dispensa mandar avisos de pauta sobre coletivas e outros temas aos pauteiros e chefes de reportagem das emissoras. É preciso entender e fazer essa distinção técnica na elaboração dos *mailings* de rádio, para evitar confusões e enviar o produto certo para o profissional certo, na hora certa.

Uma justa homenagem: ninguém faz boletins de rádio como o jornalista e mestre Júlio Prestes de Albuquerque Sobrinho, grande editor da Bandeirantes, com quem tive o privilégio de trabalhar na Assessoria de Imprensa do Governo de São Paulo. Com ele aprendi muito jornalismo, dignidade, humildade e ética e entendi, com absoluta clareza, a importância de oferecer aos editores do rádio material adequado às suas necessidades profissionais e ao público desse fascinante veículo. Ao inesquecível Seu Júlio, minha gratidão e saudade.

Release eletrônico. Outro produto muito interessante e com alto índice de aproveitamento é o *release* eletrônico para rádio. Esse serviço atende, de modo muito focado, as emissoras de todo o país. É importante lembrar: os jornais localizados em cidades do interior têm, nas agências de notícias e internet, acesso a informações e entrevistas com todas as fontes nacionais e internacionais. Na página impressa, não há diferença se a entrevista com uma celebridade foi publicada num grande ou pequeno jornal ou se foi feita e redigida por um profissional do próprio veículo ou comprada de uma agência de notícias.

Porém, as rádios do interior continuam com acesso dificultado a entrevistas rotineiras com governadores, secretários de Estado, dirigentes de empresas estatais e parlamentares, bem como com personalidades, que costumam viver e trabalhar nos grandes centros. Oferecer-lhes essas entrevistas, gravadas e editadas, é uma estratégia de excelente retorno. É importante, nesses boletins sonoros, incluir matérias de prestação de serviços e utilidade pública. Criar essa relação de confiança permite, quando necessário e urgente, entradas ao vivo em praticamente todas as cidades, colocando uma autoridade no ar, inclusive em situações de emergência ou calamidade, como será observado adiante.

Há muita informação no âmbito do Estado, por exemplo, de interesse das emissoras do interior: a produção científica dos institutos de pesquisa; programação cultural, incluindo a orquestras e instituições culturais mantidas pelo poder público; exposições especiais nos museus e mostras itinerantes internacionais; novidades do Jardim Zoológico, parques e polos turísticos; enfim, numerosas pautas que nem de longe lembram matéria oficial e acabam tornando a assessoria de imprensa fonte rotineira e bem-vinda de informações e matérias.

Entrevistas e pautas. Muitas dessas pautas acabam interessando também aos jornais do interior e até mesmo à grande imprensa da capital. Entrevistas pingue-pongue com a autoridade, a serem oferecidas aos jornais de uma determinada região, por exemplo, constituem-se em outro produto importante, nem sempre suprido pelas agências de notícias. Estas entrevistas, obviamente, devem ser montadas com temas de interesse localizado e específico. Trata-se, portanto, de material personalizado, que pode ser distribuído ora a amplo *mailing* regional, ora negociado com exclusividade com um veículo da área em questão.

Conteúdos para colunistas. Notas para os colunistas dos jornais e revistas são um canal excelente para a divulgação de notícias do governo, inclusive de caráter político. Entretanto, esses textos devem ser absolutamente exclusivos para cada coluna. Ferir o compromisso de exclusividade, principal marca dos colunistas, além de antiético, praticamente fecha as portas desse importante segmento da imprensa, que se alinha entre os campeões de leitura da mídia impressa. É preciso ter cuidado, por outro lado, para evitar que as notas enviadas às colunas não se prestem à especulação política, pelas razões já expostas anteriormente.

Artigos de opinião. O artigo assinado é outro produto jornalístico, além de nobre, muito adequado à área estatal. Pode-se – e se deve – divulgar artigos do chefe do Executivo ou dos poderes Legislativo e Judiciário, bem como de autoridades e dirigentes dos organismos estatais. Os temas podem ser os mais variados, com opiniões sobre fatos nacionais e internacionais, réplicas e tréplicas a ataques dos adversários políticos e até mesmo sutis críticas às ações de outros partidos. As páginas de opinião de jornais e revistas, para textos focados nos grandes temas, e as publicações especializadas, para material técnico de dirigentes estatais, são terreno muito fértil à divulgação dos artigos.

Há vantagens significativas na utilização dos artigos como ferramenta estratégica nas relações com a imprensa: esses textos são valorizados pelos jornalistas; lidos por formadores de opinião; publicados em espaço nobre; e não sofrem quaisquer alterações por parte do veículo de comunicação, evitando aquela reclamação tão frequente dos clientes, do Estado e da iniciativa privada: "O repórter distorceu o que eu disse". Quem é o eterno culpado? Claro, o assessor de imprensa.

CAPÍTULO 11

As relações com a sociedade civil

A interação com entidades, empresas, trabalhadores, ONGs, escolas e municípios; o papel do ghost writer; atendimento a 100% das solicitações da sociedade; e respeito aos anfitriões em eventos, inaugurações e parcerias, a começar pela pauta da imprensa.

A Federação das Indústrias desenvolveu projeto de educação ambiental e atendimento médico a crianças de baixa renda que vivem em distrito industrial, onde, em passado recente, havia conflitos com a comunidade, provocados por problemas ecológicos. O projeto implicou investimento vultoso em filtros, tratamento de resíduos sólidos e líquidos, certificação ISO 14001 e instalação do ambulatório médico e da Oficina Habitat, com todos os seus equipamentos e materiais pedagógicos.

Os recursos foram alocados pelas empresas e sua entidade de classe, num contemporâneo exercício de responsabilidade social. Trata-se de parceria com o Estado, que entrou, apenas, com o aval político. A iniciativa privada, representada pela Federação das Indústrias, está solucionando um problema que, claro, lhe diz respeito, mas cuja responsabilidade de fiscalização e imposição do cumprimento da lei é do Estado.

A festa de lançamento do projeto é perfeita. A entidade de classe pensou em tudo. Estão presentes o seu presidente, os empresários cidadãos, os líderes da comunidade beneficiada, dirigentes sindicais... Chega o governador. A imprensa o aborda, de forma abrupta, pergunta se ele será candidato à reeleição, sobre sua posição quanto às declarações do presidente da República e se haverá reforma do secretariado. Ponto! No outro dia, nem uma linha sequer sobre o projeto de educação e saúde comunitária.

A esta altura, o presidente da Federação das Indústrias está, no mínimo, furioso com sua assessoria de imprensa, neste instante povoada por seres com seríssimo risco de extinção empregatícia. A justificada ira do líder empresarial, compartilhada por todos os empresários presentes ao evento no dia anterior, também se dirige à autoridade, que não falou à imprensa sobre o projeto comunitário. Criou-se uma área de atrito.

Quem do setor de comunicação não assiste rotineiramente a episódios reais similares a esse relato fictício aqui descrito? É sempre possível evitar situações como esta? Nem sempre, mas muitas vezes sim. E é responsabilidade das assessorias de imprensa, do organismo estatal e da iniciativa privada, tentar ao máximo um desfecho positivo.

No caso do assessor de imprensa estatal, é importante entender que o significado daquele evento ou fato para o parceiro privado é muito maior do que para o Estado. Além de representar, muitas vezes, o desfecho de todo um processo de gerenciamento de crise com a comunidade, um projeto de real interesse para a sociedade, um investimento de porte e algo proporcionalmente muito grande no universo de um setor produtivo, aquele momento pode significar um passo importante na trajetória de um empresário ou líder classista.

Não se pode ignorar a verdadeira importância dos atos da iniciativa privada. Tampouco, deve-se condenar ou subestimar eventuais reclamações, em especial quando a visibilidade de um evento fica empanada,

COMUNICAÇÃO E ASSESSORIA DE IMPRENSA PARA GOVERNOS   73

reduzindo-se a possibilidade de multiplicar, via imprensa, exemplos positivos de responsabilidade social, bem como de capitalizar simpatias e conquistar aliados políticos.

Assim, em eventos do setor privado, por mais efervescente que esteja a pauta política e os problemas nacionais e mundiais a serem repercutidos, deve-se orientar a autoridade a falar (na coletiva, porque os jornalistas, com raras e honrosas exceções, não prestam a menor atenção aos discursos) sobre o projeto/obra/programa/campanha que esteja inaugurando junto com os parceiros da iniciativa privada. Na preparação do evento, é fundamental interagir com os colegas da área de comunicação da empresa, ONG, entidade de classe ou sindicato anfitrião, para, numa ação coesa e sinérgica, pautar corretamente o fato, mostrando à imprensa seu real significado, independentemente do grande tema político do momento.

Deve-se até mesmo pensar na possibilidade de não se realizar coletiva de imprensa, caso haja um tema nacional ou político de grande relevância na pauta. É vital que prevaleça como notícia naquele momento o ato do anfitrião da iniciativa privada. Tudo isso tem de ser planejado estrategicamente pelas duas assessorias de imprensa e devidamente combinado com a autoridade, os anfitriões, profissionais que organizam o evento, seguranças e todos os envolvidos.

Atenção: nos avisos de pauta e convocação da imprensa, a regra do jogo deve estar muito clara. Os veículos e repórteres presentes devem estar conscientes de que não terão acesso ali a declarações políticas ou quaisquer outras que não digam respeito especificamente ao ato. Esta clareza na pauta é uma atitude de respeito aos jornalistas, evitando que os não interessados naquele tema percam seu tempo e fiquem irritados. É preciso, também, evitar conflitos com a imprensa.

Caso no dia do evento haja um tema de grande relevância política, deve-se realizar uma coletiva da autoridade, de preferência antes. Com isso, é possível conciliar as duas necessidades e pautar corretamente a imprensa, convidando os repórteres de Política para a coletiva e os de Cidades para a cobertura do evento do setor privado.

Ao agir assim, concentrando o *release* e o aviso de pauta nos fatos específicos e evitando utilizar um evento de terceiros para a comunicação de outras informações, o assessor de imprensa do organismo estatal estará contribuindo, em muito, para que seu cliente angarie sólidas e estratégicas alianças.

Uma autoridade sempre tem múltiplas oportunidades de fazer declarações políticas ou sobre questões de impacto e grande repercussão. Não deve, portanto, colocá-las como ruído em eventos importantes da sociedade civil.

CAPÍTULO 12

A comunicação estatal no varejo

Todos os pedidos de textos e mensagens de veículos, por menor que sejam, empresas, municípios, escolas, Terceiro Setor e sociedade civil, devem ser atendidos. Além do foco preciso, a soma de todos os públicos envolvidos nessas demandas é maior do que a tiragem dos grandes veículos de comunicação.

O relacionamento com a iniciativa privada não se esgota em situações como a descrita no capítulo anterior. É necessário dar total atenção às solicitações rotineiras de revistas e mídias especializadas, empresas, entidades de classe, ONGs, escolas, sindicatos, associações de bairros e as mais distintas organizações da sociedade civil. Hoje, todo esse universo, por menor que seja a organização, tem uma revista, um jornal, um boletim, um site, um mural. Todos devem ser atendidos, e com a mesma cordialidade, eficiência e agilidade dedicadas aos grandes veículos de comunicação. E há sólidas e boas razões para não se negligenciar esse atendimento:

- Em primeiro lugar, é dever do Estado, aqui representado pelo profissional de comunicação, prestar contas e atender às solicitações da sociedade civil e dos setores produtivos.

- Em segundo lugar, uma questão estratégica e matemática indiscutível – a somatória das revistas, boletins, jornais e informativos eletrônicos hoje existentes no universo empresarial e da sociedade civil é maior do que a tiragem de qualquer veículo de comunicação do país. Ao atender às solicitações de entrevistas, artigos e mensagens de toda essa mídia, o assessor de imprensa estatal estará publicando textos, sem cortes, alterações e restrições encontradas na grande imprensa, lidos por milhões de pessoas, com foco específico na área de interesse de cada segmento. É possível, por exemplo, publicar um pingue-pongue do governador ou presidente da República numa revista do setor calçadista, prestando contas da política para essa indústria. Experimentem enviar uma entrevista assim para um grande jornal, sem que ele tenha solicitado. Sabem o que aconteceria?

- Em terceiro lugar, no atendimento precípuo às necessidades do interlocutor da iniciativa privada ou sociedade civil, além do pressuposto ético, não se pode esquecer que cada pessoa e/ou organização não atendida representa, invariavelmente, a perda de empatia, simpatia e, claro, votos.

Para cumprir essa missão de atender a todos, há um problema, claro: certamente, nenhum presidente da República, governador, prefeito, senador, deputado, ministro ou secretário terá como conceder, por exemplo, todas as entrevistas exclusivas que lhe são solicitadas diariamente por veículos de entidades, empresas e outras organizações. Tampouco seria impossível que respondesse às solicitações de mensagens de congratulações, aniversários de cidades, alusivas a prêmios de qualidade ou responsabilidade social.

É por isso que existe aquele incrível profissional, quase mágico na arte de escrever: o *ghost writer*. É necessário contar com um ou mais profissionais do gênero, conforme a demanda, para atender com agilidade a todos os pedidos, desde os feitos por sofisticadas revistas de grandes setores industriais, até de jornais murais de uma longínqua escola da periferia. Isto é democracia na comunicação estatal! Isto é estratégia na comunicação estatal!

As falhas neste último aspecto ainda são muitas nos organismos do Estado brasileiro. Há situações reais em que uma entrevista exclusiva, um artigo ou uma simples mensagem de uma autoridade são motivos de atritos entre assessores de imprensa da área pública e os profissionais de comunicação do setor privado. Estes são muito cobrados por seus clientes, que também acabam desenvolvendo antipatia com relação à autoridade.

Mais uma vez, não se pode esquecer que, invariavelmente, uma entrevista da autoridade numa revista de entidade de classe, uma mensagem na abertura de um evento e/ou um artigo assinado têm função estratégica para o interlocutor do setor privado. Nada mais irritante, constrangedor e instigante à mudança de preferência partidária do que um "não", depois de dois meses de cobranças e vãs promessas.

CAPÍTULO **13**

Relacionamento com empresas privadas concessionárias de serviços públicos

São sempre muito sensíveis as relações com as concessionárias de rodovias, portos, aeroportos, travessias fluviais e marítimas, terminais rodoviários, hidrovias, transportes urbanos, telecomunicações e energia.

Jamais se deve esquecer que, mesmo tendo terceirizado a gestão e operação desses serviços públicos, o Estado continua responsável pela fiscalização. Mais do que isso, responde pela eficiência, segurança e bom atendimento à população, cujo dinheiro dos impostos financiou grande parte da infraestrutura hoje gerida pelo setor privado.

Assim, é necessário estabelecer sinergia no fluxo de informações com as assessorias de imprensa e departamentos de comunicação das companhias concessionárias. Pautas em conjunto podem ser trabalhadas, em especial sobre a situação de estradas, ausência parcial ou temporária de energia, novos investimentos para melhoria dos serviços e expansão da rede.

Porém, é necessária atenção para um fato: em última instância, o poder concedente deve preservar sua credibilidade perante os jornalistas, os veículos de comunicação e a opinião pública. A assessoria de imprensa do organismo estatal pode contribuir para esclarecer situações, mas não a ponto de transparecer qualquer parcialidade ou cumplicidade com a comunicação da concessionária, em questões de conflito de interesses com o consumidor, o usuário de um serviço, o contribuinte, o eleitor, o cidadão. No mínimo, é preciso manter neutralidade nessas situações.

De todo modo, em caso comprovados de problemas decorrentes de erros e deficiências da concessionária, o setor de comunicação deve aconselhar seu cliente estatal a indicar publicamente o ocorrido e a exigir providências urgentes e eficazes. Desde que ancorado em fatos concretos e inequívocos, o poder público deve sempre assumir a defesa da sociedade.

CAPÍTULO 14

Interação com organismos do governo

A assessoria de imprensa deve manter bom relacionamento com organismos estratégicos do governo. Tal atitude é importante para o bom resultado final de seu trabalho. A ação sinérgica com todos os órgãos reflete-se diretamente na apuração de notícias e na agilidade das ações. É necessário que todos entendam as missões e responsabilidades da assessoria e que esta também compreenda os desafios e o papel dos outros setores.

Comunicação e a Defesa Civil

O trabalho da assessoria de imprensa é muito importante e útil em situações de emergência, como grandes acidentes, enchentes e calamidades públicas. Não é difícil imaginar o papel da assessoria de imprensa em situações como essas. Assim, é de fundamental importância que todos os seus jornalistas, em especial os que atuam na sede do governo, secretarias e autarquias da área em questão, sejam efetivamente treinados para trabalhar nas ocasiões em que os cidadãos precisam de ajuda urgente para sobreviver.

O que deve fazer a assessoria de imprensa do governo em situações de calamidade? Apenas noticiar o fato e informar a imprensa sobre as providências? Ou deve atuar, de forma proativa, no auxílio às comunidades, mobilizando todos os seus recursos, treinamento e facilidade de acesso, para instrumentalizar a imprensa, num trabalho de ajuda emergencial?

Assim, os jornalistas da assessoria de imprensa devem estar habilitados a, por exemplo, solicitar à principal emissora de rádio da região atingida que lhes conceda o microfone, para que centralizem e irradiem as informações sobre buscas, salvamentos, envio de equipes de resgate e mobilização de ajudas localizadas. Hoje, com a telefonia celular, este serviço é ainda mais facilitado. Deve, também, contribuir para que os jornalistas dos veículos de comunicação possam realizar seu trabalho com eficiência e mais facilidade.

Para ter esse treinamento e, mais do que isso, acesso ao local, com o apoio de profissionais especializados, os jornalistas da assessoria de imprensa têm de construir um relacionamento próximo e sinérgico com a Defesa Civil, constituída por membros da Polícia Militar, entre eles pessoal muito gabaritado do Corpo de Bombeiros.

A Defesa Civil, normalmente com comando centralizado na sede do Palácio do Governo, ao entender e assistir aos resultados de uma ação eficiente da assessoria de imprensa numa situação de emergência e calamidade, passará a respeitar e valorizar o papel dos profissionais de comunicação nessas circunstâncias e irá contribuir para o seu trabalho, inclusive oferecendo apoio logístico.

Comunicação e a Segurança Pública

O relacionamento com a Polícia e a divulgação de informações e estatísticas sobre criminalidade são um exercício de grande responsabilidade e dificuldade técnica. É preciso evitar que o marketing político distorça os dados a serem enviados à mídia, sem desagradar o "cliente" governo e preservando sua imagem.

Como em qualquer estratégia de gerenciamento de crises, aqui a melhor receita é a transparência. É preciso deixar muito claras (ao contrário do que, às vezes, ocorre) a origem e a característica de cada tipo de crime. Por exemplo: o item "mortes violentas" não pode, estatística e jornalisticamente, misturar ou deixar ambíguos os percentuais relativos a assassinatos dolosos, latrocínios, assassinatos culposos, suicídios e acidentes de trânsito.

Recentemente, um problema como esse levou dois grandes jornais brasileiros a publicarem, no mesmo dia, manchetes diferentes: um informando que a criminalidade caiu; e o outro, que a criminalidade aumentou. Gerar esse tipo de situação, além de despertar a desconfiança dos veículos e jornalistas, aumenta ainda mais a descrença da população quanto à capacidade do Estado de reduzir a criminalidade.

A violência, na aurora do Século XXI, é um dos problemas, ao lado do desemprego, que mais afligem a sociedade brasileira. O medo, sentimento restritivo até mesmo do direito democrático de ir e vir, toma conta das pessoas, em especial nas grandes cidades, nas quais os índices de criminalidade são similares a estatísticas de guerra.

Num cenário como esse, as assessorias de imprensa do Estado não devem incentivar autoridades a desrespeitar a inteligência de jornalistas e cidadãos. A divulgação mensal das estatísticas, mais do que demonstrar o avanço ou recuo do crime, deve ser pauta sobre estratégias de prevenção da violência. Bem divulgadas, de maneira didática para a mídia, essas estatísticas podem contribuir para que as pessoas deixem de frequentar ou tenham mais cuidado em determinada rua, para que a própria polícia reforce o patrulhamento do local, ou para que o município ilumine um logradouro.

A informação, quando bem trabalhada, é uma das ferramentas mais eficientes no combate à criminalidade. Os assessores de imprensa devem empenhar-se com firmeza na tabulação desses dados, juntamente com os técnicos e policiais especializados.

Simplesmente noticiar estatísticas aleatórias e ambíguas, o aumento da frota de viaturas, do arsenal de armas e do efetivo policial não contribui para melhorar a imagem do governo e é um passo largo em direção ao descrédito. Em segurança pública, a informação deve ter menos retórica e mais conteúdo estratégico voltado à prevenção e defesa da sociedade. Os jornalistas dos veículos de comunicação que cobrem o setor devem ser conscientizados disso e tratados como parceiros no enfrentamento de um problema grave que atinge todos.

O relacionamento com a segurança da autoridade e da sede do governo

O trabalho da assessoria de imprensa pode chocar-se diariamente com a segurança da autoridade. É preciso, desde o início, estabelecer entrosamento, troca de informações e entendimento recíproco das responsabilidades profissionais.

Para os profissionais (normalmente policiais militares, nos governos estaduais e prefeituras, e soldados das Forças Armadas, no Governo Federal) que cuidam da segurança da autoridade e da sede do Poder, esta tarefa, de imensa responsabilidade, tem momentos de muita tensão. Uma simples coletiva de imprensa pode contrariar de forma contundente toda uma estratégia desenhada cuidadosamente para proteger a autoridade em determinado local e situação.

É fundamental interagir de modo permanente com a segurança, trabalhando conjuntamente com ela na preparação de eventos, viagens, visitas a empresas etc. A segurança precisa conhecer o planejamento de recepção e atendimento aos jornalistas, sequência da estratégia de mídia, coletivas etc. Quando tudo isso é antecipadamente organizado e pactuado, a segurança torna-se preciosa aliada da assessoria de imprensa e não um empecilho.

É importante que o profissional de comunicação estude e conheça (pelo menos os princípios básicos) de logística de segurança, como proceder em situações críticas e comboios automobilísticos. Ao conhecer essas questões, terá melhores condições de conciliar seu trabalho com a estratégia de segurança da autoridade. Ninguém melhor do que os próprios profissionais de segurança para ministrar *workshops* sobre esses conhecimentos básicos.

O relacionamento com o Cerimonial

Eventuais falhas no cerimonial e protocolo podem implicar grande trabalho da assessoria de imprensa na administração da crise subsequente.

É necessário estabelecer excelente relacionamento com os profissionais responsáveis pelo Cerimonial, normalmente chefiados por um diplomata de carreira. Em eventos, especialmente na recepção de autoridades de primeiro escalão ou personalidades internacionais, os interesses e preocupações dos profissionais de comunicação são, muitas vezes, absolutamente conflitantes com os dos membros do Cerimonial.

Nem sempre o cumprimento do protocolo facilita o trabalho da imprensa. Assim, é preciso, caso a caso, estabelecer critérios que atendam aos dois lados, construindo um relacionamento de confiança e cooperação.

No sentido de contribuir para a construção desse relacionamento e suprir os conhecimentos mínimos que o assessor de imprensa deve ter sobre protocolo e cerimonial, este livro contém, a seguir, capítulo específico sobre o tema. Trata-se de um manual básico, de leitura simples e objetiva.

CAPÍTULO 15

Cerimonial e Protocolo

Este capítulo mostra a importância, inclusive em termos de imagem externa, de os organismos públicos e toda organização (seja entidade de classe, empresa ou ONG) terem padrões adequados na recepção de autoridades e personalidades de todos os setores, bem como na organização de eventos e cerimônias. E, como explicado anteriormente, objetiva facilitar o relacionamento dos assessores de imprensa com os profissionais do Cerimonial.

O conteúdo deste capítulo é importante para os jornalistas e profissionais de comunicação, que interagem no cotidiano com questões e funcionários da área de cerimonial e protocolo. Além disso, organizar eventos e receber convidados e autoridades fazem parte da rotina de toda empresa, organização, governo e repartição pública.

Por que a preocupação da assessoria de imprensa com o tema?

Porque um erro no protocolo e no cerimonial pode gerar constrangimentos (e até manchetes na mídia), com eventual repercussão negativa na imagem da organização. E trabalhar para preservar a imagem institucional é uma das responsabilidades da assessoria de imprensa.

Este capítulo não se pretende um manual avançado de cerimonial e protocolo. Seu objetivo é transmitir os conceitos básicos e essenciais à boa performance nesse campo.

Para a estruturação das normas e conceitos aqui enumerados, o bom senso foi o critério, sem exageros e salamaleques, mas se considerando regras mínimas e contemporâneas.

Recepção de convidados

Regras gerais para autoridades governamentais e convidados civis, militares e eclesiásticos:

- Um representante da entidade anfitriã (preferencialmente o dirigente presente que ocupe o cargo mais alto) deverá aguardar o convidado à entrada principal, acompanhá-lo até local reservado, onde deve haver pequeno serviço de água, chá e café (se ele chegar com antecedência) ou diretamente ao salão do evento.

- Evitar deixar o convidado sozinho.

- Não se deve descuidar de alguns detalhes, como entregar placas, brindes e flores a um convidado e não prestar homenagem semelhante a outro. Se isso ocorrer, ele certamente irá sentir-se discriminado.

- Se a personalidade convidada estiver acompanhada de esposa ou marido, não esquecer de oferecer um mimo (normalmente flores para a mulher e uma pequena lembrança para o homem – caneta, por exemplo). O mesmo se aplica a filhos do convidado, em especial crianças. O ideal é conseguir previamente o máximo de informações possíveis sobre a presença do convidado (por exemplo, se estará sozinho ou acompanhado e eventuais restrições alimentares). Apesar das informações prévias, é sempre bom ter reserva estratégica de flores e pequenos brindes, pois nem sempre é possível prever tudo.

- Caso o convidado seja palestrante, conferencista, participante de mesa-redonda ou simplesmente vá proferir um discurso, não se esquecer de perguntar com antecedência de que equipamentos audiovisuais precisará.

- Água deve ser servida para o palestrante. Orientar o garçom para evitar água muito gelada – a não ser que o convidado peça –, pois nunca se sabe quais as condições do orador e se o gelo prejudicará sua voz.

- Na despedida do convidado, um representante da organização (de preferência o ocupante do cargo mais alto) deverá acompanhá-lo até a saída.

Procedimentos importantes na recepção de autoridades

Quando se recebe o presidente da República e a maioria dos governadores brasileiros, sempre haverá missão precursora. Nesses casos, quem deve ser convocado para a reunião prévia? O cerimonial, claro, profissionais da empresa contratada para a organização do evento, a assessoria de imprensa e a segurança da autoridade. Um representante dos anfitriões, com poder de decisão, deve estar presente para referendar e oficializar todas as decisões tomadas.

O que é discutido nessas reuniões?

- Percurso a ser percorrido pela autoridade, desde a entrada até o local do evento.

- Necessidade ou não de credenciamento prévio da imprensa (em visitas presidenciais dificilmente este requisito é dispensado).

- Decisão sobre quem discursará no evento.

- Saídas de emergência para a autoridade.

- Posicionamento da imprensa no salão.

- Realização ou não de entrevista coletiva.

- Questões pertinentes à segurança.

Tudo isso tem de ser acordado e cumprido por todas as partes e profissionais envolvidos.

Importante: esses procedimentos referentes às autoridades não excluem o cumprimento dos itens observados para todos os convidados, conforme o segmento anterior.

A estrutura do evento

Eventos com a presença de autoridades devem obedecer à seguinte estrutura:

- O mestre de cerimônias – se houver – abre o evento e inicia a composição da mesa, chamando o principal representante presente da organização anfitriã. Já à mesa, este recepcionará as autoridades e demais convidados. Caso não haja mestre de cerimônia, caberá a um representante dos anfitriões a abertura e condução do evento/cerimônia.

- A composição da mesa deve obedecer em ordem decrescente à hierarquia das autoridades e personalidades presentes.

- A chamada para os discursos deve obedecer em ordem crescente à hierarquia das autoridades e personalidades presentes.

Como ordenar hierarquicamente as autoridades e personalidades:

- O presidente da República é sempre a autoridade máxima, em qualquer evento, em qualquer local do país.

- Na sua ausência, o governador do Estado é a autoridade máxima.

COMUNICAÇÃO E ASSESSORIA DE IMPRENSA PARA GOVERNOS 91

- Na ausência do governador, o prefeito do município é a autoridade máxima.

Depois dos chefes do Executivo, os presidentes dos poderes constituídos são as autoridades máximas, na seguinte ordem: Presidente do Senado e do Congresso Nacional (sempre o mesmo); presidente da Câmara dos Deputados; presidente do Supremo Tribunal Federal; presidente da Assembleia Legislativa; presidente da Câmara de Vereadores; presidente do Tribunal de Justiça (dos Estados).

Observação: em tese, ministros, secretários de Estado e secretários municipais, nessa ordem, seguem-se a todos os anteriores.

Mais modernamente, quando um ministro de Estado está presente (com presidente da República e governador ausentes), costuma-se colocá-lo em posição hierárquica superior à de presidentes dos poderes constituídos. Há boas soluções – bem ao gosto do jeitinho brasileiro – para se evitar constrangimentos nestes casos:

- A melhor e mais natural opção é quando o ministro está oficialmente representando o presidente da República. Neste caso, ele pode – e deve – ser entendido como autoridade máxima presente.

- Quando o ministro não estiver oficialmente investido da representatividade, o mestre de cerimônias ou quem estiver conduzindo o evento deve dizer: "E agora, representando o Governo Federal (não o presidente da República), chamamos o ministro...". Esta é uma alternativa simpática, que não desagrada os presentes e evita constrangimentos. Às vezes, é necessário utilizar esse tipo de manobra, em especial quando o ministro é o principal personagem de um evento, em função de seu tema central.

Soluções semelhantes devem ser utilizadas com secretários de Estado e secretários municipais. Alguns exemplos:

Num evento em que estejam presentes todas as autoridades anteriormente citadas, qual será a sequência hierárquica?

Presidente da República, governador, prefeito, presidente do Congresso Nacional, Presidente da Câmara dos Deputados, presidente do Supremo Tribunal Federal, presidente da Assembleia Legislativa, presidente da Câmara Municipal, presidente do Tribunal de Justiça do Estado, ministros de Estado (em ordem alfabética), secretários de Estado (em ordem alfabética), secretários municipais (em ordem alfabética), senadores (em ordem alfabética), deputados federais (em ordem alfabética), vereadores (em ordem alfabética).

Observação: nas Normas do Cerimonial Público e Ordem Geral de Precedência (Decreto Federal nº 70.274, de 9 de março de 1972), está estabelecido que, na chamada de ministros e governadores, deve ser respeitada a cronologia de criação dos ministérios e Estados, respectivamente. Atender a esse nível de sutileza, porém, é muito complexo, mas o assessor de imprensa deve conhecer as regras, pois há chefes de cerimonial que não abrem mão do mínimo detalhe protocolar e há repórteres dos veículos de comunicação que não abrem mão de perguntar sobre isso.

Não confundir: na montagem de eventos/cerimônias, muitas vezes confunde-se a hierarquia entre o presidente do Congresso Nacional/Senado e o presidente da Câmara dos Deputados, pois é este que assume a presidência da República no caso de impedimento do presidente e do vice eleitos. Explica-se: os deputados federais são os representantes dos eleitores e, portanto, cabe a eles governar em nome da sociedade. Os senadores são representantes dos Estados enquanto instituições.

Religiosos: quando estiver presente o arcebispo metropolitano da Igreja Católica Apostólica Romana ou da Igreja Católica Apostólica Ortodoxa, ou o representante máximo no Estado, no país ou no mundo de quaisquer outras religiões, é de bom tom inseri-lo na composição hierárquica do evento logo após o presidente da República, governador do Estado e prefeito.

Muito cuidado 1: em quaisquer eventos, é preciso dar tratamento absolutamente igual aos representantes de todas as religiões presentes. Qualquer deslize nesses casos, mais do que quebrar regra protocolar, implica desrespeito às leis do Brasil.

Muito cuidado 2: é imprescindível evitar quaisquer atos, palavras e atitudes, por mais involuntários e sutis que sejam, que possam denotar discriminação de etnia, religião, gênero e ideologia.

A mesa

Sobre a mesa, à frente de cada cadeira, devem ser colocadas placas de identificação, com dupla face, de modo que as personalidades localizem rapidamente onde devem sentar-se e de maneira que os convidados e a imprensa as identifiquem com facilidade.

A montagem da mesa deve ser iniciada com a convocação do anfitrião titular. Este chama, pela ordem, o presidente da República, que irá sentar-se à sua direita, e o governador, à sua esquerda, e assim sucessivamente, até se esgotar a lista de autoridades presentes. Deve-se organizar a mesa de tal forma que a principal autoridade fique exatamente no meio, mas à direita do anfitrião. O ideal é que a mesa tenha número ímpar de lugares, quando possível.

A Bandeira Nacional deverá localizar-se à direita das pessoas sentadas à mesa e à frente desta, de forma que ninguém fique de costas para ela. Tribunas e púlpitos também devem ser posicionados à direita, procurando-se o melhor ângulo para que os oradores não fiquem de costas para as pessoas sentadas à mesa.

Detalhe importante: não é necessário convidar à mesa todas as autoridades presentes. O número de cadeiras dependerá da disponibilidade de espaço, acordo pactuado previamente pelos organizadores ou natureza do evento. Assim, as primeiras fileiras do auditório devem ser reservadas para as autoridades e personalidades não chamadas à mesa principal.

Não se deve dar tratamento diferenciado a iguais. Por exemplo: convidar um ministro presente e não convidar outro.

Exceção: quando um evento é predominantemente de uma área específica, então não é necessário chamar à mesa autoridades de cargos hierárquicos semelhantes, mas de outros ramos de atividade. Exemplo: num seminário sobre educação, mesmo que estejam presentes vários ministros de Estado, não há qualquer constrangimento em chamar à mesa somente o ministro da Educação, o secretário da Educação do Estado e o secretário da Educação do município. Neste caso, também podem estar à mesa um deputado federal, um deputado estadual e um vereador integrantes das Comissões de Educação das respectivas casas, sem que se convidem os presidentes do Senado, da Câmara dos Deputados, da Assembleia Legislativa ou da Câmara dos Vereadores.

A imprensa na cerimônia

Em eventos e solenidades, a imprensa sempre merece tratamento especial. Em primeiro lugar, é preciso ter deixado claro, na sua convocação, se haverá ou não coletiva. Se houver, o melhor é que se realize antes da solenidade, com tempo determinado e de maneira organizada, contemplando-se o maior número de perguntas possível (tudo isso tem de ser previamente pactuado com todos os envolvidos no evento, nas reuniões precursoras).

A coletiva em eventos deve ser feita, preferencialmente, em sala separada, devidamente equipada com microfones para os entrevistados e microfone sem fio para os jornalistas. Cada profissional, ao fazer sua pergunta, deverá identificar-se pelo nome e dizer para qual veículo trabalha.

Com ou sem coletiva, a imprensa deve ter lugar privilegiado no anfiteatro ou espaço em que se realiza a cerimônia ou evento. O mais indicado é que se isole a área frontal, à direta ou esquerda do auditório, com a devida identificação de que se trata de espaço para os jornalistas. Nessa área, é preciso haver caixa de som acessível para os repórteres de rádio gravarem discursos, bem como plugues especiais para a captação de som direto pelas câmeras de TV. Tomadas também precisam estar disponíveis. Fotógrafos e câmeras devem ter um espaço apropriado para captar boas imagens.

Adotando todas essas medidas, atende-se bem a imprensa e se evita qualquer transtorno para os jornalistas, que trabalharão com tranquilidade, e para os convidados.

Principais pronomes e adjetivos de tratamento

Vossa Excelência; Excelentíssimo – aplicam-se a todos os ocupantes de cargos do Poder Executivo e do Poder Legislativo.

Vossa Senhoria; Ilustríssimo – aplicam-se a todas as personalidades empresariais e civis.

Meritíssimo – aplica-se a magistrados e ocupantes de altos cargos do Poder Judiciário. Também se aceita utilizar *Vossa Excelência* para membros da Magistratura.Não confundir: os promotores e integrantes da administração do Ministério Público não devem ser chamados de meritíssimo e sim de excelentíssimo, pois não integram o Poder Judiciário – são os representantes do Estado e da sociedade nas suas relações com a Justiça.

Vossa Reverendíssima – aplica-se a bispos e arcebispos.

A diferença entre "Vossa" e "Sua": quando se dirige a palavra diretamente à autoridade ou à personalidade, diz-se "Vossa". Quando se está falando sobre ela para uma terceira pessoa ou o público, diz-se "Sua". Exemplos:

"Governador, é uma honra contar com a presença de *Vossa Excelência* em nosso evento."

"Senhoras e senhores, vamos aplaudir *Sua Excelência*, o governador, cuja presença muito nos honra."

Cuidado com a crase e o uso do artigo "a" ou "o"

A utilização do artigo definido (masculino ou feminino) antes do nome de pessoas conota intimidade. Assim, por exemplo, não se deve referir – em textos escritos e nas cerimônias, e em qualquer tempo verbal – ao Fernando Henrique, Luiz Inácio, Barack Obama, Geraldo Alckmin; ou à Dilma Rousseff, Angela Merkel, Rainha Elizabeth, Marta Suplicy. Isso, aliás, vale para todas as referências a pessoas, quando se deseja conotar formalidade.

Quando for gramaticalmente indispensável, deve-se usar apenas a preposição. Por exemplo: o ministro disse a Barack Obama; o secretário disse a Angela Merkel (pela mesma razão que não se utilizou o artigo "o" ao lado da preposição "a" na frase relativa ao presidente dos Estados Unidos, dispensou-se a crase no "a" que antecedeu o nome da chanceler alemã).

Essa regra também vale, de maneira geral, para correspondências, em especial ofícios e quando terceiros são citados. É mais educado e correto, inclusive em linguagem comercial e empresarial, não utilizar o artigo, que sempre significa intimidade. E há pessoas e autoridades que se importam com esses detalhes.

Importante: mesmo quando o jornalista, relações públicas ou profissional de quaisquer áreas tenham amizade com a autoridade, empresário ou executivo, textos via e-mail não devem dispensar o tom formal, pois, na maioria das vezes, quem recebe essas mensagens são as secretárias e/ou assessores.

O convite

Muitas vezes, a gafe começa no convite. Erros de português, por exemplo, são péssimos em convites (como, em qualquer texto, aliás). Assim, em caso de dúvida, não se deve ter qualquer constrangimento em solicitar rigorosa revisão gramatical.

O convite é uma peça que suscita algumas conotações. Ao recebê-lo, a pessoa já faz juízo de valores sobre o evento, conforme as peculiaridades do texto, da arte, das cores, do tipo das letras e da impressão.

Como qualquer produto da comunicação gráfica, o convite é uma peça informativa. Assim, tudo o que o convidado precisa saber deve ser escrito com clareza e objetividade.

O padrão de traje do evento deve estar muito claro.

Recomendações importantes sobre cerimonial e protocolo

Pense duas vezes antes de quebrar o protocolo. Isso só vale a pena se houver uma ideia muito boa de humor (refinado) ou surgir uma situação em que se justifique, mesmo, fazê-lo. Normalmente, deixe a iniciativa de quebrar o protocolo para o principal convidado ou autoridade presente.

Não exagere no protocolo e no tom cerimonioso. O equilíbrio, o bom senso e, sobretudo, o bom gosto são a medida exata do comportamento adequado. Quando for quebrar o protocolo com um lance de humor, não é preciso anunciar, com aquela célebre frase: "Quebrando o protocolo, vou...". Todos perceberão, sem necessidade de aviso.

Serviço de manobristas é fundamental em qualquer evento. Outros serviços, como recepcionistas, *buffet* e decoração, nem sempre são necessários. É preciso dimensionar corretamente o evento, analisando o seu porte, importância e a relação custo-benefício da estrutura.

As questões relativas ao protocolo e cerimonial são sempre subestimadas, até uma eventual falha provoca problemas de complexa e delicada solução. Muitas vezes, a crise desencadeada nessas ocasiões, em especial quando a parte ofendida decide tornar pública a sua mágoa, acaba caindo no colo da assessoria de imprensa, como demonstram os dois relatos verídicos que se seguem.

A visita do Patriarca

Numa ocasião, visitava São Paulo o Patriarca da Igreja Católica Apostólica Ortodoxa Antioquina, que viera de Damasco, Capital da Síria. O líder religioso tinha, em sua concorridíssima agenda na capital paulista, visita programada ao então governador Franco Montoro, no Palácio dos Bandeirantes, sede do governo estadual.

Pontualmente, às 14 horas, a comitiva do líder religioso, integrada pelo Arcebispo Metropolitano, padres e numerosos representantes da comunidade árabe de São Paulo, entra no Salão dos Despachos, localizado no segundo andar do palácio. O governador atrasou dez minutos. Foi o suficiente. Os visitantes retiraram-se ofendidos com a quebra do protocolo (essas questões não ocorrem apenas em eventos).

Os jornalistas do Comitê de Imprensa do palácio queriam apurar, de toda maneira, o porquê do pequeno atraso do governador. Desejavam, na verdade, uma explicação oficial, pois atribuíam o problema ao fato de Montoro (que trabalhava até tarde, acordava cedo e se encontrava em ritmo de intenso trabalho político, engajado no esforço pela redemocratização) dormir um pouco após o almoço. E o hábito induziu a mídia a prejulgar o episódio.

A assessoria de imprensa, porém, solicitou aos jornalistas que dessem ao governador o benefício da dúvida, pois ele não manteria sua religiosa soneca diária (normalmente das 13h30 às 14 horas) em detrimento de receber um dos mais importantes líderes das Igrejas Católicas. Os repórteres entenderam e aguardaram uma explicação oficial, que foi transmitida, via assessoria de imprensa, pelo embaixador Pimentel, o competente diplomada que dirigia o Cerimonial do Governo do Estado. O governador teria sofrido leve crise de asma. Como a pauta política estava saborosa naqueles dias e a explicação foi razoável, os jornalistas decidiram não dar destaque à questão.

O mesmo, porém, não se aplicou ao Patriarca e representantes da Igreja Católica Ortodoxa Antioquina, em São Paulo. Foi necessário grande esforço diplomático do embaixador Pimentel. Montoro, que tinha discernimento para assumir e reparar equívocos, fez visita oficial ao líder religioso, na Catedral Metropolitana Ortodoxa, localizada no bairro do Paraíso, na cidade de São Paulo. E chegou dez minutos antes da hora marcada.

Ao contrário de fatos muito mais graves da política e da administração pública no Brasil, o episódio teve inusitado desfecho: não terminou em pizza, mas sim em quibes, esfihas e deliciosas outras guloseimas da culinária árabe, para a alegria deste Eid, que teve a felicidade de cobrir a redentora visita.

Ledo engano na Venezuela

Certa vez, coube a mim a tarefa de cobrir viagem oficial do então governador de São Paulo, Orestes Quércia, à Venezuela. Voei com alguns dias de antecedência a Caracas, levando *press kit*, em espanhol, com dados macroeconômicos e geopolíticos do Brasil, do Estado e da cidade de São Paulo, bem como informações completas sobre o acordo de cooperação a ser firmado na viagem. Tudo como manda o figurino. Nos dias que antecederam a chegada da comitiva brasileira a Caracas, capital venezuelana, visitei as redações dos jornais e emissoras de rádio e TV, entreguei o material e conversei com editores e repórteres.

A cobertura prévia foi muito positiva. Toda a mídia deu destaque à "visita do governador do Estado mais industrializado do Brasil, que representa 36% do PIB". Na cerimônia de recepção a Quércia, no Aeroporto Internacional Simón Bolívar, estavam presentes o então presidente da República, Carlos Andrés Pérez, o governador da província, presidentes das instituições do Legislativo e do Judiciário, políticos e empresários. O mestre de cerimônias anunciou a composição da delegação oficial brasileira, cujos membros deveriam perfilar-se para receber os cumprimentos do chefe da Nação Venezuelana.

Àquela altura, como o início do cerimonial que precede os pronunciamentos nunca tem importância como notícia, pois é mera formalidade, estava inspecionando todos os detalhes da sala de imprensa, que solicitara no aeroporto, para a coletiva do governador. Rapidamente de volta à solenidade, tive tempo de anotar todos os pronunciamentos das autoridades sobre o protocolo de intenções que seria firmado.

Terminada a solenidade, iniciou-se um coquetel. Percebi certo mal-estar nos funcionários do cerimonial do governo venezuelano, alguns deles conversando com os jornalistas. Resolvi apurar o que estava ocorrendo. Os repórteres informaram-me que os funcionários ficaram aborrecidos porque um dos membros da delegação oficial paulista não atendera ao chamado do mestre de cerimônias. Foi uma sensível ofensa. Prometi aos jornalistas que iria apurar a questão e lhes daria informações a respeito.

Conversei, então, com o pessoal do cerimonial e descobri: o visitante oficial que provocara o constrangimento era eu. Enquanto estava cuidando da sala para a coletiva, tinha a mais absoluta certeza de que minha ausência preenchia imensa lacuna no ambiente do cerimonial. Ledo engano! Restou-me pedir desculpas (oficiais) aos funcionários do governo venezuelano. Também confessei a gafe e expliquei a situação aos colegas jornalistas, que, felizmente, entenderam e ignoram o pequeno incidente.

É claro que o assessor de imprensa nunca deve deixar de cumprir sua missão prioritária em prol de uma formalidade. Entretanto, é preciso, em situações similares àquela, ter o cuidado prévio de procurar os funcionários do cerimonial, verificar se o seu nome está ou não na lista da delegação oficial e, se for o caso, pedir para excluí-lo do roteiro da solenidade.

Tudo isso pode parecer um detalhe de pouca importância, mas nunca se deve subestimar o significado que uma cerimônia e todo o seu conteúdo têm para cada anfitrião, país ou cultura.

A Importância do profissional de RP

É necessário manter pelo menos um profissional de relações públicas (RP) nas assessorias de imprensa dos governos e órgãos estatais, exatamente para construir relacionamentos sinérgicos com cerimonial, segurança, Defesa Civil e fontes internas de dados e estatísticas.

Trata-se, ainda, de profissional qualificado para, em conjunto com os jornalistas, elaborar estratégias de comunicação com a opinião pública e segmentos específicos, ou atuar em casos de gerenciamento de crises.

O RP também é qualificado para a organização de eventos, práticas ligadas ao cerimonial e protocolo, diálogos e interação com distintos públicos internos e externos. Trata-se de um profissional que agrega muito valor à estrutura de RH de uma assessoria de imprensa.

CAPÍTULO **16**

A rotina no gabinete, cobertura de viagens e a convivência com os jornalistas da mídia

Todas as atividades do gabinete devem ser acompanhadas. É preciso, claro, selecionar, com critério jornalístico, quais informações apuradas interessam à imprensa e à sociedade e, portanto, merecem ser transformadas em pautas. É preciso manter o noticiário diário à disposição dos jornalistas, incluindo os que cobrem rotineiramente o local.

Rotinas diária, semanal e mensal de cobertura do gabinete devem ser mantidas. É importante estabelecer uma periodicidade, preferencialmente semanal, para que a autoridade converse com os jornalistas. Esta prática é facilitada nas sedes dos Poderes (Palácio do Governo, Congresso, Assembleia Legislativa, Prefeitura e Câmara Municipal), que normalmente têm comitês de imprensa, nos quais atuam repórteres dos principais veículos de comunicação. Basicamente, esses comitês de imprensa só existem agora nas sedes do Executivo e do Legislativo federais.

Os setoristas, cada vez mais raros na nova estrutura da imprensa nacional, ou os jornalistas que cobrem com mais frequência a sede do poder para o qual se trabalha são os mais importantes canais de comunicação entre a assessoria de imprensa e os grandes veículos. Esses profissionais, que interagem no dia a dia com os assessores, merecem tratamento especial e devem ter seu trabalho inteiramente prestigiado e respeitado. Como? Por exemplo: para os seus veículos, jamais devem ser enviados avisos de pauta, *releases* ou qualquer outra informação, a não ser por meio do profissional.

Assim, é importante manter à disposição desses jornalistas todo o material produzido pela assessoria de imprensa, contribuindo para que organizem sua pauta diária. Eles também devem ter apoio quando necessitarem de uma entrevista exclusiva, uma informação mais complexa ou de uma fonte especializada em determinado tema. Quando, eventualmente, o jornalista frequente ou setorista não puder comparecer ao trabalho, ele próprio ou o seu veículo solicitará a colaboração da assessoria de imprensa. Para isso, porém, é necessário estabelecer uma relação de respeito mútuo e muita confiança e credibilidade.

Cuidado com a fonte. No dia a dia do gabinete, é necessário cobrir toda a agenda da autoridade. O repórter deve entrevistar, de preferência após o encontro, as pessoas que despacharam com o prefeito, o governador, o presidente da República ou o presidente de um dos Poderes constituídos.

Grande parcela das reuniões da agenda rotineira acaba não sendo objeto de boas pautas. A visita de embaixadores e cônsules, por exemplo, normalmente não é tema de matérias e pautas, a não ser quando esses diplomatas assinam, na oportunidade, acordos efetivos de cooperação econômica, científica, cultural ou protocolos de financiamentos e intercâmbios em áreas importantes. Convênios de "Estados/cidades irmãos", encontros meramente protocolares e anúncios de possibilidade de um acordo "um dia talvez" não devem suscitar o esforço de se fazer um *release* e distribuir para a mídia.

Há, todavia, algumas audiências que acabam rendendo excelentes pautas, em especial quando o chefe do Executivo recebe – e atende – a uma reivindicação da sociedade civil, dos setores produtivos, do Terceiro Setor ou do funcionalismo público. Nessas ocasiões, contudo, é preciso muito cuidado. Quando, após a audiência, somente o visitante conversa com o repórter da assessoria de imprensa e dos veículos de comunicação, é necessário checar muito bem a informação.

O jornalista da revista, jornal, rádio ou televisão sempre poderá atribuir a responsabilidade por uma notícia eventualmente equivocada à declaração do entrevistado. Contudo, a assessoria de imprensa, ao distribuir à mídia a mesma informação, lhe confere, automaticamente, chancela oficial. Desmentir é difícil, além de comprometer a credibilidade do serviço.

Assim, os repórteres da assessoria devem ser muito bem orientados no sentido de checar a informação dada por visitantes, com funcionários do gabinete ou diretamente com a própria autoridade. Há casos, lamentavelmente, em que um interlocutor da autoridade informa o profissional da assessoria de imprensa e os jornalistas presentes, como forma de pressão por intermédio da mídia, que "o excelentíssimo governador concordou em doar área do Estado para a construção de (...), ou em conceder aumento de 150% para o funcionalismo...".

O ideal é que, numa relação de absoluta confiança, o repórter da assessoria acompanhe no gabinete todas as audiências. Essa prática, porém, não é adotada por grande parte das autoridades, embora devesse prevalecer o pressuposto de que a ética é a mais importante virtude reconhecida no assessor de imprensa. Assim, é necessário, esforço de apuração precisa das notícias.

Um exemplo real de Tancredo Neves

Nos agitados dias que antecederam a preparação do Comício das "Diretas Já", dia 25 de janeiro de 1984, na Praça da Sé, em São Paulo, numerosas reuniões realizaram-se no Palácio dos Bandeirantes, sede do governo paulista, onde o então governador Franco Montoro recebia seus colegas e representantes de outros partidos democráticos, na articulação política voltada à reconquista do voto direto (mais detalhes sobre o movimento das Diretas estão descritos adiante).

Numa dessas reuniões, o então governador de Minas Gerais, Tancredo Neves, contou uma história real à jornalista Denise Martinho Eid, que teve a oportunidade de cobrir todo o processo de abertura política.

Logo no início da administração de Tancredo, em Minas, ele recebeu em audiência um político, que, ao término do encontro, informou à imprensa que o governador o convidara para ser secretário de Estado. A notícia, sem que a checassem, foi, então, publicada em toda a imprensa mineira. No outro dia, empunhando o *clipping*, o pretendente ao cargo procurou Tancredo e lhe mostrou o noticiário, ponderando que seria desagradável e constrangedor desmentir a notícia.

Tancredo concordou com a tese e, mente rápida, emendou: "Claro que não vamos desmentir o noticiário, mas, ao sair, diga à imprensa que você veio hoje ao meu gabinete para agradecer o convite e me informar que, lamentavelmente, não poderá aceitar o cargo...".

Como as mentes iguais ao do saudoso político são raras, nem sempre é possível encontrar saídas tão boas para notícias inverídicas plantadas por interlocutores da autoridade. Assim, checar as informações após as audiências é fundamental.

Viagens

Em viagens estaduais, recomenda-se levantar previamente todos os problemas e reivindicações da cidade/região visitada, pautando a imprensa local e a própria autoridade. Entradas prévias nas emissoras de rádio e envio de material antecipado à mídia impressa regional, com dados personalizados, contribuem muito para o sucesso da visita e da divulgação jornalística. O mesmo aplica-se a viagens a outros Estados.

No caso de viagens internacionais, a melhor maneira de colocar a informação à disposição da mídia, além de cobrir o evento *in loco* e distribuir matérias em tempo real para toda a imprensa, é: conversar antecipadamente com a direção da sucursal de uma grande agência de notícias, mostrar-lhe que seus clientes locais (os veículos de comunicação) gostariam de ter essa cobertura, comprovar isso e se colocar à disposição para contribuir. Normalmente, essa estratégia mostra-se muito eficaz.

Uma viagem internacional é uma grande oportunidade para se estabelecer relação de maior proximidade e confiança com veículos de comunicação que não têm muito acesso a material de agências de notícias. Basicamente, como já observado anteriormente, a maioria dos jornais, inclusive do interior, já tem essa facilidade.

O mesmo, contudo, não se aplica a numerosas emissoras de rádio, em especial as que não integram as cadeias de rádio. Para essas emissoras, o envio de matérias gravadas do Exterior, além de agregar um diferencial à sua programação jornalística e valorizá-la perante seus ouvintes, representa uma compreensão mais clara dos serviços que podem ser prestados pela assessoria de imprensa.

Importante apoio ao trabalho do assessor de imprensa no Exterior pode ser prestado por serviços oficiais de governos, como a Rádio Voz da América, em Washington D.C., nos Estados Unidos. Na capital norte-americana também funcionam as sedes do Banco Mundial (BIRD) e do Banco Interamericano de Desenvolvimento (BID), os dois principais organismos multilaterais de crédito do Ocidente. É comum a visita do presidente da República, governadores de Estados e prefeitos de grandes cidades a essas duas instituições financeiras, para assinatura de acordos de cooperação e financiamentos de projetos de infraestrutura.

Assim, é importante manter relacionamento com uma instituição como a Rádio Voz da América, para que, quando necessário, fique mais fácil solicitar apoio a trabalhos a serem realizados no Exterior. Independentemente dessa questão, é dever da assessoria de imprensa, em contrapartida, prestar um bom serviço a essas instituições quando elas necessitam de informações e entrevistas com representantes do governo para o qual se presta serviço.

Normalmente, organizações como a Voz da América têm departamentos de todas as nacionalidades, na verdade emissoras de rádio transmitindo nos idiomas respectivos de cada país onde sua programação chega em ondas curtas. O Departamento Brasileiro, "habitado" por jornalistas brasileiros, pode prestar ajuda preciosa, desde um computador para redigir textos, até um equipamento para editar e transmitir matérias de rádio.

Uma dica de RH

As viagens são numerosas para os jornalistas que atuam em assessoria de imprensa governamental. Washington, Nova York, Paris, Roma, Londres? Não, os destinos mais frequentes são os municípios interioranos.

Sem qualquer demérito às aprazíveis e hospitaleiras cidades do interior brasileiro, a verdade é que a rotina de viagens, muitas vezes de automóvel, seguindo comitivas e tendo de se antecipar à chegada do helicóptero da autoridade, é fator de acúmulo de estresse para os repórteres e fotógrafos da assessoria de imprensa. Assim, é importante que nas viagens mais interessantes, como às capitais nacionais e ao Exterior, haja um rodízio entre esses profissionais. Eles merecem.

CAPÍTULO 17

Uma responsabilidade do profissional de comunicação no governo e a democratização das notícias

Há muitos casos em que o jornalista da assessoria de imprensa governamental é o primeiro, em todo o país, a receber uma informação de impacto e interesse nacional. Quando ocorre algo assim, deve prevalecer o conceito de que a comunicação pública é dever do Estado e direito da sociedade. Isso implica muita responsabilidade, como demonstram a análise e alguns casos verídicos relatados a seguir.

A tentação pelo "furo", instigada pelo hábito atávico das redações dos veículos, é, às vezes, tentadora. Neste momento, porém, é preciso equilíbrio e muito senso ético. Uma informação de real interesse da imprensa e da comunidade não deve ser objeto de quaisquer negociações ou barganhas com veículos e/ou jornalistas e tampouco de divulgação exclusiva. Uma informação dessa natureza, considerando os preceitos democráticos, deve ser compartilhada, o mais rapidamente possível, com todos os veículos, numa divulgação maciça e simultânea.

Como proceder naqueles momentos em que o "furo" é todo seu? Esta é a situação na qual o assessor de imprensa do governo é mais testado em sua responsabilidade profissional e senso ético. Ao agir corretamente, contudo, dará imenso passo para construir relação de confiança com os jornalistas e conquistar credibilidade para todas as informações que passa.

Assim, o profissional terá espaços e trânsito para, sem ferir qualquer preceito ou fazer especulação, oferecer alternadamente a distintos veículos e jornalistas, pequenos "furos" (sem consequência para a sociedade e para seu cliente governo), o que ampliará cada vez mais o grau de relacionamento e sinergia com seus colegas de redação de jornais, revistas, rádios, televisões e sites jornalísticos.

O cumprimento adequado dessa responsabilidade implica um princípio básico e fundamental: a distribuição de notícias, de modo simultâneo e sem privilégios, para toda a imprensa, sem distinções. Assim, a assessoria de imprensa do Governo Federal tem o compromisso de atender todos os veículos do país, suprindo-os com noticiário diário; em cada Estado e município, as assessorias de imprensa dos respectivos governos têm idêntico compromisso.

Hoje, há tecnologia eficiente para o cumprimento desse compromisso democrático, tanto em termos de elaboração e operação de *mailings* eletrônicos, quanto de distribuição de matérias via Internet. *Releases* eletrônicos para rádio, com matérias editadas, também podem ser facilmente disseminados.

É claro que na divulgação de cada matéria é preciso bom senso. Obviamente, os veículos presentes a uma coletiva de imprensa, na qual a autoridade anuncie algo importante, não devem receber *release* do evento. Enviar material seria até mesmo um desrespeito ao trabalho dos repórteres presentes ao ato.

No entanto, os veículos não presentes à coletiva devem, sim, receber matéria contendo as declarações da autoridade entrevistada, em especial se o conteúdo for de real interesse da sociedade. É preciso, nesses casos, racionalizar a distribuição. Se o tema for de interesse geral, todos devem receber. Pode-se enviar matéria para *mailing* regional, caso a notícia tenha foco apenas em determinado Estado, cidade ou área. O importante é que a comunidade – nacional, estadual, regional ou municipal – que seja de alguma forma afetada por uma notícia tenha acesso a ela por meio dos veículos de comunicação.

Tecnicamente, é necessário ter *mailings* eletrônicos sempre atualizados e com diferentes configurações. Por exemplo: *mailing* nacional de política; *mailing* nacional de economia; *mailing* estadual de política; *mailing* estadual de economia; *mailing* de política da cidade de São Paulo; *mailing* de política da Região de Campinas; *mailing* dos correspondentes estrangeiros; e assim por diante. Manter prontas e atualizadas estas listas de veículos e jornalistas, com e-mail, endereço, editorias e telefones, é fundamental para ter, sempre, agilidade no momento de divulgar uma notícia.

Como já observado em capítulos anteriores, hoje os veículos de comunicação do interior têm mais acesso à informação, via agências de notícias e internet. Porém, há uma série de entrevistas, dados e temas gerados no âmbito de organismos estatais, como também na iniciativa privada, que sequer são cobertos sistematicamente pela grande mídia e/ou agências de notícias.

Também há casos em que coberturas de um, dois, três ou quatro grandes jornais não se transformam em notícia nos serviços das agências ligadas a esses veículos ou das independentes. Nesses casos, a imprensa do interior acaba ficando sem a informação. Assim, o papel da assessoria de imprensa ainda é muito importante no sentido de democratizar o fluxo de informação, um direito inalienável da mídia e da sociedade.

Para ilustrar o quanto o cumprimento dessa responsabilidade é viável e importante, segue-se o relato de algumas ações da Assessoria de imprensa do Governo do Estado de São Paulo, no processo de redemocratização do País. Sempre respeitando os limites de sua atuação no acompanhamento dos fatos e eventos ligados ao governo estadual ou que contavam com a participação do governador, a assessoria realizou trabalho fundamental para que a maioria dos veículos de comunicação do interior paulista e também alguns da Capital (em oportunidades em que um ou vários não estavam presentes) pudessem ter matérias de excelente qualidade sobre passagens antológicas da história brasileira recente, como a campanha das "Diretas Já", em 1984, a Constituinte de 1987 e a promulgação da Carta, em 1988. Visitas de personalidades internacionais, muitas delas tendo assinado acordos importantes com o governo paulista, de repercussão em todo o Estado, também foram temas de numerosas matérias democraticamente distribuídas.

Os *cases* aqui descritos dizem respeito a um período em que a transmissão de texto ainda se fazia pelo telex e a de matérias de rádio, por meio do tradicional "jacaré", plugado no gravador e no telefone. O rápido e fulminante avanço tecnológico na transmissão de dados, som, imagem e informação apenas facilita o trabalho da assessoria de imprensa, mas não a exime da responsabilidade de informar e democratizar a notícia.

Os relatos subsequentes não estão, necessariamente, ordenados cronologicamente. Tampouco houve preocupação com a precisão de datas. A prioridade, aqui, é demonstrar o potencial de geração, apuração e distribuição de notícias de uma assessoria de imprensa bem estruturada e integrada por profissionais de jornalismo conscientes de sua missão.

As Diretas Já

"É preciso ter uma mensagem para anunciar a todos os brasileiros. É preciso propor um grande objetivo. As pessoas sofrem quando são convidadas apenas para o medíocre."

Este é um trecho marcante do discurso proferido pelo então governador de São Paulo, André Franco Montoro, em 25 de janeiro de 1984, na Praça da Sé, na Capital paulista, onde o Comício das Diretas Já reuniu cerca de 400 mil pessoas.

A maratona democrática pelo direito ao voto livre e soberano nas eleições presidenciais constituiu-se em grande desafio para a Assessoria de Imprensa do Palácio dos Bandeirantes, sede do Governo de São Paulo. Foi um árduo, complexo, multidisciplinar e longo trabalho, uma verdadeira escola de jornalismo na área governamental e política: credenciamento de multidões de jornalistas a cada evento; organização de grandes coletivas de imprensa; cobertura – em São Paulo, Brasília e em diferentes Estados e cidades – de todos os passos do movimento coordenado pelos governadores e lideranças do PMDB; transmissão de matérias, a partir dessas coberturas, à central da assessoria de imprensa, edição e distribuição, a ampla mídia paulista, de textos para jornais e revistas, boletins para rádio e TV e *releases* eletrônicos com sonoras de todos os personagens da redemocratização.

O governador Franco Montoro era incansável. Um dos líderes incontestáveis das Diretas Já, ao lado de Tancredo Neves, então governador de Minas Gerais, e do deputado Ulysses Guimarães, presidente nacional do PMDB, tinha imensa capacidade de mobilização, articulação e organização de reuniões, muitas delas convocadas na véspera. Toda essa dinâmica, durante o efervescente período, exigia imensa agilidade na convocação de coletivas, longas jornadas de trabalho, esforços noturnos de reportagem, viagens e produção alucinante de textos.

As ferramentas de trabalho eram apenas a caneta, papel, pesados gravadores, máquinas manuais de escrever e o telefone. Para transmitir matérias com sonoras, era necessário desmontar o bocal do microfone, plugar o "jacaré" e rodar a gravação das entrevistas. Depois, havia de se montar novamente o bocal para transmitir as falas do repórter, de abertura e encerramento da matéria. Tudo isso era editado num pequeno estúdio no Palácio dos Bandeirantes, onde funcionava a Editoria de Rádio.

Ao final do processo, quando o Colégio Eleitoral no Congresso Nacional ironicamente implodiu o regime que o instituíra, elegendo Tancredo Neves à Presidência da República, os jornalistas da Assessoria de Imprensa do Palácio dos Bandeirantes respiraram aliviados. Tinham a sensação da missão cumprida. Sentiam-se participantes de um esforço histórico gigantesco, ao contribuir para que a mídia mostrasse à sociedade que valia a pena conquistar a democracia.

O início da saga pelo voto livre

É provável que pouca gente se lembre, mas foi no município mineiro de Poços de Caldas, em 1º de novembro de 1983, que se idealizou e iniciou o grande movimento das Diretas Já, numa reunião dos governadores Franco Montoro e Tancredo Neves. Transcorria o primeiro ano de seus mandatos nos governos de São Paulo e Minas Gerais, respectivamente. Apenas para ativar a memória: eles haviam tomado posse em 15 de março de 1983, tendo sido eleitos em 15 de novembro de 1982, nas primeiras eleições diretas para os governos estaduais desde o golpe de 1964.

Ainda tenho o release sobre o histórico encontro de Poços de Caldas:

Montoro e Tancredo lançam campanha por eleições diretas

Reunidos ontem (dia 1º de novembro de 1983) em Poços de Caldas (MG), os governadores de São Paulo e de Minas Gerais, Franco Montoro e Tancredo Neves, respectivamente, estabeleceram os seguintes pontos para uma ação conjunta, visando ao restabelecimento do direito de os brasileiros elegerem o seu presidente:

Empenhar-se, juntamente com os governadores de todos os Estados, numa campanha nacional pela eleição direta do presidente da República.

Propor que se engajem nessa campanha, além dos governadores, os congressistas, deputados estaduais, prefeitos, vereadores e representantes dos diferentes setores da sociedade civil.

COMUNICAÇÃO E ASSESSORIA DE IMPRENSA PARA GOVERNOS 115

A campanha pela eleição direta do presidente da República deve ter caráter suprapartidário e representar ampla mobilização nacional, com a participação dos partidos e de toda a população do país.

Não se deve cogitar, por enquanto, candidatos à Presidência da República, para não enfraquecer a luta pela eleição direta. Todas as forças devem ser concentradas na campanha pelo reconhecimento do direito que o povo brasileiro tem de ser ouvido.

A imprensa, de modo geral, recebeu o *release* com muito ceticismo. Aliás, é importante lembrar, foi lenta e paulatina a crença da mídia jornalística na Campanha das Diretas Já. Primeiro, a *Folha de S. Paulo*, depois o *Jornal da Tarde*. Foi preciso muito aviso de pauta, convocação de coletivas, reuniões e encontros para mostrar o carisma e a grandeza do movimento em curso. Apesar disso, a totalidade da mídia somente se convenceu após ver e ouvir 400 mil cidadãos na Praça da Sé e, depois, um milhão no Vale do Anhangabaú, em São Paulo, gritando em uníssono: "Um, dois, três, quatro, cinco mil, queremos eleger o presidente do Brasil".

Da carta de intenções de Poços de Caldas à prática foram apenas 25 dias. Em 26 de novembro de 1983, convocados por Franco Montoro, governadores oposicionistas de todo o Brasil reuniram-se no Palácio dos Bandeirantes, assinando manifesto já subscrito por cerca de 90% dos prefeitos paulistas.

O documento defendia intransigentemente a eleição presidencial direta, classificando-a como "o caminho para a superação da crise econômica, política e social (...), uma reivindicação da consciência nacional. A imensa maioria dos brasileiros a reclama. A Nação tem o direito de ser ouvida".

É curioso comparar a intenção manifestada por todos os governadores presentes àquele encontro e a postura adotada posteriormente por alguns em sua trajetória política. Vejam quem assinou o documento: Franco Montoro (São Paulo), Gerson Camata (Espírito Santo), Gilberto Mestrinho (Amazonas), Íris Rezende (Goiás), Jáder Barbalho (Pará), José Richa (Paraná), Leonel Brizola (Rio de Janeiro), Wilson Martins (Mato Grosso do Sul) e Tancredo Neves (Minas Gerais).

O resgate dessa memória demonstra que nem todas as pessoas têm firmeza de caráter e vocação política isenta de interesses mesquinhos para suportar com dignidade as tentações do poder. Quem lê jornais e acompanha o noticiário da imprensa sabe os porquês e a quais políticos estamos nos referindo.

Em caso de dúvida, pesquisem na Web...

Um pranto de alegria nos 430 anos de São Paulo

A cidade de São Paulo comemorava, naquele 25 de janeiro de 1984, seu 430º aniversário. Na Praça da Sé, cerca de 400 mil pessoas, sob chuva – um verdadeiro pranto de alegria da Capital, que devolvia sua principal praça ao povo –, reivindicavam o direito ao voto livre e direto. No palanque, Montoro, Tancredo, deputado Ulysses Guimarães, políticos de todos os partidos de oposição ao regime militar, artistas, intelectuais e jornalistas eram personagens vivos de um momento importante da história.

A Assessoria de Imprensa do Palácio dos Bandeirantes – anfitriã dos veículos, jornalistas e profissionais de comunicação de todos os partidos e forças políticas ali representados – teve trabalho imenso para organizar, receber, apurar lista de presença, pegar quase na marra cada celebridade que discursava e levá-la a minicoletivas e exclusivas para TV nos bastidores do imenso palanque... ufa! De quebra, foi necessário fazer o trabalho jornalístico propriamente dito, produzindo matéria para a mídia impressa e emissoras de rádio, com sonora.

A maioria dos veículos de comunicação da Capital estava presente ao comício. Parcela expressiva da imprensa do interior, contudo, não teria a histórica matéria, simultaneamente à de São Paulo, não fosse o trabalho da assessoria de imprensa. Para isso, também foi muito importante a rápida ação da Agência CBI (Consórcio Brasileiro de Imprensa), dirigida pelo jornalista Roberto Santos, que fornecia material a parcela expressiva dos jornais interioranos. A agência recebeu a matéria da assessoria de imprensa e a transmitiu, praticamente em tempo real, a todos os veículos integrantes daquela que, até hoje, foi a maior cadeia de periódicos do interior paulista e brasileiro.

Aliás, merecem um livro à parte, a vida e obra do jornalista Roberto Santos, memória cheia de saudade.

COMUNICAÇÃO E ASSESSORIA DE IMPRENSA PARA GOVERNOS 117

Aos jornais não integrantes da Rede CBI, o texto foi enviado diretamente pela assessoria de imprensa, via telex. Às emissoras de rádio, transmitiu-se matéria sonora, creio que de cinco a dez minutos, com entrevistas editadas dos principais participantes do comício. Foi um trabalho gigantesco de atendimento à mídia do interior paulista e de numerosas cidades, inclusive capitais de outros Estados. O telefone da assessoria não parava de tocar naquele histórico plantão de 25 de janeiro. Todos queriam as matérias.

O caso ilustra muito bem o papel que uma assessoria de imprensa pode e deve cumprir. Detalhe importante: as entrevistas contidas em todo o material produzido foram pluripartidárias, o que conferiu mais legitimidade ao trabalho, pois ficou claro que se prestava, ali, um serviço à mídia e à sociedade e não a um político ou partido.

A dose repetiu-se em 16 de abril de 1984, quando se realizou, no Vale do Anhangabaú, também em São Paulo, o segundo comício das Diretas Já, reunindo cerca de um milhão de pessoas. O trabalho da assessoria foi ainda maior, pois o sucesso do evento da Sé fora um alerta aos veículos de comunicação até então céticos quanto à grandeza daquele movimento cívico, pacífico e ordeiro. O credenciamento de imprensa e o atendimento praticamente duplicaram.

Quem trabalhou na cobertura e atendimento a todas as demandas dos dois comícios teve verdadeira e eficiente aula prática de assessoria de imprensa. Foi necessário aprender fazendo, pois jamais havíamos visto eventos políticos tão grandes; São Paulo nunca assistira a algo semelhante. Oficialmente, o comício do Anhangabaú ainda é o maior evento político da História do Brasil.

A última ditadura e as missões da comunicação

Em 31 de março de 2014, transcorreram os 50 anos do golpe de Estado instaurador da última ditadura brasileira. É um triste fato histórico a ser sempre lembrado, como alerta para que não se repita e a sociedade repudie quaisquer movimentos reacionários sadicamente saudosos da tortura, da execução sumária de intelectuais, do êxodo de professores universitários, da intimidação de jornalistas, do atentado à liberdade de imprensa, expressão, de ir e vir e do voto cassado.

Em 2014, celebraram-se, também, os 30 anos das Diretas Já, cujos desdobramentos foram muito positivos, como o restabelecimento do poder político civil, o voto popular para a Presidência da República e a Constituição de 1988, marco institucional da redemocratização. A antológica campanha é um episódio a ser comemorado com alegria e consciência, pois evidencia o poder da sociedade organizada e das manifestações pacíficas e ordeiras em prol do Estado de Direito e do atendimento aos anseios e necessidades da população.

O marcante 30º aniversário das Diretas Já tornou oportuno lembrar e inserir neste livro algumas histórias do trabalho de assessoria de imprensa para esse grande movimento cívico e histórico dos brasileiros, do qual tive a oportunidade de participar. O primeiro desses relatos é um caso referencial.

Em 25 de abril de 1984, alguns dias após o antológico comício do Anhangabaú, seria votada, na Câmara Federal, em Brasília, a Proposta de Emenda Constitucional (PEC) nº5/1983, apresentada pelo parlamentar Dante de Oliveira (PMDB/MT). O projeto restabelecia a eleição direta à Presidência da República, usurpada do povo brasileiro pelo golpe de Estado de 1964.

Os numerosos veículos de comunicação até então atendidos pela Assessoria de Imprensa do Palácio dos Bandeirantes na cobertura do movimento pelas eleições diretas praticamente exigiram a continuidade do trabalho do órgão, que funcionava como verdadeira agência de notícias. Além disso, o Governo de São Paulo era precursor de todo aquele processo, sobre o qual tinha zelo e responsabilidade.

Decidiu-se que a cobertura da votação da Emenda Dante de Oliveira seria feita por equipe da Editoria de Rádio da Assessoria de Imprensa,

COMUNICAÇÃO E ASSESSORIA DE IMPRENSA PARA GOVERNOS   119

encarregada dos *releases* eletrônicos e dirigida, à época, pela jornalista Yara Perez, hoje diretora da CDN. Este trabalho foi um dos mais interessantes *cases* de assessoria de imprensa que tive a oportunidade de presenciar. Felizmente, tive a honra de participar dele como coadjuvante.

A competente equipe enviada a Brasília era formada pelos jornalistas José Wilson (que se despediu de nós e da vida precocemente), Denise Martinho Eid, Cristina Couto e Enerian Barbosa. Nos dias que antecederam a votação, os profissionais, num trabalho de fôlego e muito eficiente, enviaram numerosas matérias, distribuídas a vasta mídia, em especial a emissoras de rádio.

O material continha entrevistas com governadores, congressistas, prefeitos, lideranças partidárias, intelectuais e cidadãos. Ninguém que passasse por uma das numerosas portas de acesso ao Congresso Nacional conseguia escapar dos gravadores da onipresente equipe.

Realizar esse trabalho não foi fácil, relata a jornalista Denise Martinho Eid, "particularmente porque se decretara em Brasília, no último gesto autoritário do regime de 64, um dos estados de exceção previstos na Constituição de 1967 e nos atos institucionais do governo militar". Por causa do tal dispositivo, o general Newton Cruz, ex-chefe da ex-Agência Central do SNI (Serviço Nacional de Informações) e então comandante militar do Planalto, colocou as tropas na rua, ameaçou os panelaços pró-diretas dos cidadãos brasilienses e dificultou o quanto pôde o trabalho dos jornalistas.

Reviveram-se algumas cenas de violência política que praticamente haviam desaparecido do cenário nacional no governo em curso do general João Figueiredo. Mas nada disso foi suficiente para tirar o entusiasmo pela realização do trabalho. O que estava acontecendo em Brasília ia muito além de uma simples cobertura jornalística. Os jornalistas, não apenas os da nossa equipe, realmente se envolveram emocionalmente com a oportunidade de fazer sua parte no processo de democratização do país, como imediatamente se notava ao entrar na superlotada Sala de Imprensa, na qual estavam trabalhando profissionais de várias partes do Brasil e do Exterior.

Na noite da votação da Emenda Constitucional Dante de Oliveira, ansiosos e esperançosos, aguardávamos, preocupados, na assessoria de imprensa do Palácio dos Bandeirantes, em São Paulo, o primeiro telefonema de nossa jovem, corajosa e competente equipe no Congresso Nacional. A situação, porém, agravou-se. A maioria dos telefones do Congresso estava bloqueada, em especial para a imprensa. E naquela época os celulares só existiam nos filmes de ficção científica...

"Aflitos diante da impossibilidade de, como havia sido estrategicamente combinado, transmitir ao vivo a votação para a equipe de retaguarda que estava de plantão na assessoria de imprensa, em São Paulo, colocamos em prática um instantâneo e improvisado plano", recorda Denise, explicando: "Na busca sem esperança de encontrar um telefone desbloqueado, reparei na existência de um ambulatório médico contíguo ao Plenário. Disse à Enerian, em estado proeminente de gestação, que tivesse um piripaque. Sua performance, digna de um Oscar, lhe garantiu atendimento médico no ambulatório, onde permaneceu repousando durante toda a votação, num confortável leito, junto ao qual, que coincidência, havia providencial e desbloqueado telefone".

Prosseguindo, a jornalista salienta que "uma ligação a cobrar para tranquilizar a família estabeleceu contato com São Paulo. A cada voto, entrávamos alternadamente na enfermaria para confortar nossa companheira com a bênção da informação. O enfermeiro, preocupado com o placar dos votos, não percebeu a manobra, ou talvez, o mais provável, tenha sacado tudo e feito vista grossa, contribuindo para que prevalecesse a liberdade de expressão".

Na Assessoria de Imprensa do Palácio dos Bandeirantes, acompanhamos toda a manobra com um misto de emoção e orgulho dos jovens, corajosos e talentosos enviados especiais. Os jornalistas Ayrton Calixto, Yara Perez, Lou Franco e eu recebíamos e passávamos as informações e o placar da votação, praticamente em tempo real, para vários veículos de comunicação, inclusive alguns de grande porte da cidade de São Paulo, que, afinal, não tinham repórteres grávidas em suas equipes no Congresso. Na ala residencial do Palácio dos Bandeirantes, o governador Franco Montoro também recebia nossas informações, quase voto a voto.

Foi frustrante quando o placar final registrou 268 votos pró Diretas Já e 65 contra. A vitória moral não foi suficiente, pois a aprovação da emenda exigia maioria de dois terços dos parlamentares. A missão de informar, porém, havia sido cumprida.

Essa história demonstra a importância e o alcance do trabalho dos assessores de imprensa e profissionais da comunicação. Em qualquer organização ou cargo, jamais devemos nos dissociar dos valores inerentes à democracia, inatos à nossa natureza profissional. Quem trabalhou em redação nos anos da ditadura sabe o quanto era desconfortável reproduzir *press releases* "chapa branca" para tapar lacunas das matérias censuradas. Também deveria ser constrangedor para muitos dos colegas que tinham de produzir tais conteúdos.

Que bom que hoje vivemos em um país no qual podemos e temos de gerenciar crises com a mídia, defender o direito ao contraditório, desenvolver estratégias complexas para a visibilidade positiva de nossos clientes, produzir conteúdos de extrema qualidade, agir com transparência, absoluto profissionalismo e respeito à imprensa. Sim, a democracia valoriza o trabalho de jornalistas e relações públicas nas empresas, governos, organizações da sociedade civil e veículos. Integramos a comunidade global da comunicação, cuja essência é a liberdade.

Depois da cobertura da Emenda Dante de Oliveira, novos desafios estavam próximos. Os relatos que se seguem, extraídos de conteúdos da assessoria de imprensa do governo paulista, testemunham a presença de sua equipe em todos os lances do movimento que culminou com a eleição de Tancredo Neves à Presidência da República, sua morte e o início do primeiro governo civil após o golpe de 1964.

O feitiço contra o feiticeiro

Em 19 de junho de 1984, Montoro reuniu nove governadores do PMDB e PDT no Palácio dos Bandeirantes, em encontro no qual foi aprovado documento que propunha o lançamento de candidato único das oposições e um programa de governo com os seguintes pressupostos: moralidade administrativa, austeridade na gestão financeira, convocação de assembleia nacional constituinte, reforma tributária (podem acreditar...), programa fundiário e justiça no campo e incentivo ao desenvolvimento econômico e social.

Houve no Congresso Nacional nova tentativa de se aprovar as eleições diretas, por meio de estratégia voltada a retirar da Constituição vigente o dispositivo que estabelecia o pleito indireto. A votação, novamente coberta pela equipe da Editoria de Rádio da Assessoria de Imprensa do Palácio dos Bandeirantes, manteve inalteradas as regras do jogo. Era preciso, então, uma estratégia alternativa para manter vivo o projeto de redemocratização.

Derrotar a situação com suas próprias armas era a nova ordem, estabelecida publicamente em Brasília, no dia 16 de julho de 1984. Em reunião de governadores do PMDB, foi lançado o candidato único das oposições à Presidência da República: Tancredo Neves.

O plano estava consubstanciado no documento "É preciso assumir responsabilidades e correr riscos", assinado pelos seguintes governadores: Nabor Júnior (Acre), Gilberto Mestrinho (Amazonas), Gerson Camata (Espírito Santo), Íris Rezende (Goiás), Wilson Martins (Mato Grosso do Sul), Jáder Barbalho (Pará), José Richa (Paraná) e Franco Montoro (São Paulo).

Em 15 de janeiro de 1985, no Congresso Nacional, a mobilização das oposições e a fragmentação do PDS, partido situacionista, possibilitaram a vitória no Colégio Eleitoral da chapa Tancredo Neves/José Sarney.

Em depoimento aos veículos de comunicação, o governador Franco Montoro afirmou: "O resultado do Colégio foi o da eleição feita nas ruas e praças de todo o Brasil. O povo foi o grande vencedor e o agente impulsionador dessa vitória".

Agonia e morte de Tancredo

Na véspera de sua posse na Presidência da República, Tancredo Neves adoeceu e foi internado às pressas no Hospital de Base de Brasília. José Sarney assumiu o governo.

Tancredo viveu agonia de 38 dias, acompanhada com tristeza por toda a Nação, até o derradeiro adeus, em 21 de abril de 1985, no Instituto do Coração, em São Paulo, para onde havia sido transferido, numa última batalha pela vida. Todos os passos da despedida do presidente, desde sua chegada à Capital paulista, foram cobertos pela Assessoria de Imprensa do Palácio dos Bandeirantes, que conseguiu manter fluxo diário de informações para numerosos veículos, incluindo a reportagem da triste noite de 21 de abril.

O trabalho jornalístico de fazer as entrevistas com todos os políticos e autoridades que foram dar seu adeus a Tancredo foi realizado por Denise Martinho Eid e eu, que estávamos de plantão. Trabalhamos noite adentro, colhendo cerca de cem depoimentos.

Na manhã de 22 de abril, centenas de jornais e emissoras de rádio de todo o Brasil, que não tinham acesso a uma cobertura dessa natureza à época, receberam matérias sobre o falecimento do presidente. O material foi editado com a ajuda de José Wilson, na assessoria de imprensa do Palácio dos Bandeirantes. Esse foi um caso típico da democratização das informações, uma das principais responsabilidades das assessorias de imprensa no setor público.

O ano da Constituinte

A cobertura de todo o processo Constituinte, iniciado em 1º de fevereiro de 1987, até a promulgação da Carta, em 5 de outubro de 1988, é outro caso muito interessante de assessoria de imprensa.

A casa do deputado Ulysses Guimarães, em Brasília, foi o centro nervoso de numerosas decisões importantes. Com a tradição e *know how* da maratona das Diretas Já, eleição e despedida de Tancredo Neves, a Assessoria de Imprensa do Palácio dos Bandeirantes deu prosseguimento à missão de suprir a imprensa paulista que não tinha acesso, circunstancial ou rotineiramente, às notícias de mais um capítulo importante da história política do Brasil.

A inconfidência de Fernando Collor

Transcorria o ano de 1987. A Constituinte, em meio à grande agitação do Congresso Nacional, ao lobby e ao jogo de influências, não era, porém, o único grande tema da pauta política nacional. Questões paralelas estavam por ser resolvidas. O PMDB do período anterior à fragmentação originária do PSDB era o partido majoritário entre as forças políticas que haviam lutado pelas eleições presidenciais diretas e eleito Tancredo Neves e José Sarney via Colégio Eleitoral.

Assim, o partido tinha grande peso nas decisões políticas, discutidas semanalmente em intermináveis reuniões, invasoras da madrugada de Brasília, na casa à margem do lago Paranoá, onde residia o deputado Ulysses Guimarães, presidente da Assembleia Constituinte. Um dos temas em pauta era o mandato do presidente da República, José Sarney. Seria de quatro ou cinco anos?

Numa certa madrugada, chuva fina e persistente, governadores e lideranças do PMDB, reunidos desde as 16 horas na residência do deputado, discutiam o intrincado tema. Lá pelas tantas, o então governador de Alagoas, Fernando Collor de Mello, à época peemedebista convicto, abandonou a reunião e, indignado, procurou a imprensa, limitada à solitária presença de um molhado assessor.

"Os governadores, lideranças e Dr. Ulysses decidiram pelos cinco anos. Já amanhã irão orientar todas as bancadas estaduais do PMDB no Congresso a votar assim. Eu fiz ver a Dr. Ulysses que, a partir desta decisão, ele se tornava o homem mais poderoso deste país, e lhe disse que pensasse nos descamisados e pés-no-chão", discursou um exaltado e *patriótico* Collor.

Mal poderia eu, naquele momento, supor quem seriam exatamente os descamisados e pés-no-chão...

Bem, pelo menos era verdadeira a informação sobre o mandato de cinco anos, transmitida precocemente por Collor à revelia dos participantes da reunião, que fariam nota oficial no dia seguinte. De posse do *furo*, devidamente checado, pude, no café da manhã, passar a informação a todos os jornalistas de outros Estados que estavam hospedados no Hotel Nacional e transmitir matéria, para redistribuição, à Assessoria de Imprensa do Palácio.

A Constituição de 1988

A análise seguinte, um testemunhal analítico, visa simplesmente ilustrar um período muito rico da história política recente do Brasil e, talvez, fazer um pouco de justiça aos constituintes de boa vontade, cuja obra, por alguns defeitos e dispositivos inconciliáveis com a globalização, ainda é objeto de severas críticas.

Os princípios legais que regem as eleições brasileiras (incluindo o voto para os analfabetos e maiores de 16 anos), momento maior do exercício da cidadania nas sociedades democráticas, estão inscritos no artigo 14 da Constituição de 1988. O fato de conter dispositivos anacrônicos, especialmente no tocante à ordem econômica e à figura do Estado, que dificultam a inserção competitiva do Brasil no cenário da globalização, não rouba da Carta de 88 – a sétima do País e sexta do período republicano – um atributo inquestionável: é a mais democrática de todas as constituições nacionais.

A promulgação da "Constituição Coragem", como foi batizada por seu grande condutor, o deputado Ulysses Guimarães, é o fato histórico que delimita a redemocratização do Brasil. Ao contrário da de Praga, esmagada pelos tanques soviéticos, foi a Primavera que deu certo. Seu texto teve o mérito de devolver aos brasileiros todos os direitos humanos, a liberdade de expressão e pensamento, a garantia à igualdade e as prerrogativas do mandado de injunção e de apresentação de projetos de lei pela própria sociedade, dentre outros avanços.

O Código de Defesa do Consumidor, um dos mais bem elaborados do mundo, é, na verdade, uma lei complementar regulamentadora de dispositivo contido na Carta de 88 (parágrafo 32 do artigo 5°). O capítulo 6°, que trata do meio ambiente, é considerado, inclusive no plano internacional, um dos mais avançados do Planeta. O Estatuto da Criança e do Adolescente é uma lei complementar, pertinente ao artigo 227 da Carta, que também estabelece a proteção aos idosos, repudia de modo contundente o preconceito e contém princípios éticos para a sociedade e a meta de erradicação da pobreza.

Independentemente de todos esses avanços, a Constituição de 88 é muito extensa, prolixa e, de fato, contém dispositivos inadequados à modernização da economia nacional. No entanto, é preciso analisar esses defeitos à luz do momento político em que foi elaborada e promulgada.

O Brasil emergia, nos anos 1980, de duas décadas de um regime de exceção, institucionalizado pela Constituição de 1967, promulgada pelo Congresso Nacional, à revelia da sociedade, no Governo Castello Branco. Reivindicações, anseios, interesses e necessidades dos diferentes segmentos da sociedade – trabalhadores, empresários e aposentados, latifundiários e sem-terra, jovens e idosos, minorias e corporações – estavam represados pela ausência da liberdade. Toda essa energia reprimida explodiu e se manifestou desordenadamente na Constituição de 88, que foi o exemplo mais nítido de que a política é a arte do possível.

Exatamente por se reconhecer que o texto promulgado em 5 de outubro de 1988 não era definitivo e adequado à retomada do desenvolvimento, introduziu-se, na própria Constituição, o Ato das Disposições Transitórias, cujo artigo 3° estabelecia: "A revisão constitucional será realizada após cinco anos, contados da promulgação da Constituição, pelo voto da maioria dos membros do Congresso Nacional, em sessão unicameral". O não cumprimento desse artigo, pelas mais insólitas, inusitadas e incompreensíveis razões, não rouba o mérito da Carta de 88.

Tampouco deve-se ignorar o empenho de Dr. Ulysses e do grupo de resistência da Constituinte de 87, no sentido de colocar a habilidade política como espada contra a reação, que se manifestava a cada dia, sorrateira e sub-reptícia, nos bastidores do Congresso Nacional e em discursos ameaçadores. A casa do Sr. Diretas, em Brasília, abrigava longas reuniões, nas quais parlamentares, lideranças políticas e governadores discutiam cada artigo polêmico e decisões paralelas à votação da Carta.

Todo esse momento da história brasileira foi coberto pela Assessoria de imprensa do Governo de São Paulo, que, a exemplo de todos os Estados, participou ativamente do processo. As decisões adotadas nesse período foram temas de numerosas matérias distribuídas à imprensa do interior e até mesmo, em alguns casos, à grande mídia, nem sempre presente à porta de Dr. Ulysses nas horas mais avançadas da madrugada brasiliense.

O trabalho foi árduo, porém gratificante, pois a Constituição possível naquele momento de redenção democrática da primavera de 1988 e a sustentação da Assembleia Constituinte foram a base da redemocratização nacional.

Dr. Ulysses Guimarães tinha plena consciência sobre a necessidade de reforma de sua "Constituição Coragem", que, para ele, foi uma obra inacabada. Quis o destino, inexorável, que o Sr. Diretas se despedisse para sempre de seu Brasil democrático sem assistir à reforma da Carta; quis o destino, irônico, que partisse numa primavera, no amargo 12 de outubro de 1992.

A Constituição inconstitucional de Dr. Ulysses

O dia em Brasília já amanhecera antológico. Aquele 5 de outubro de 1988, em que a promulgação da Constituição reanimava as esperanças de uma nova realidade para o País, abrigava jornalistas de todo o mundo, que procuravam espaços em meio às segmentadas multidões de pessoas cujos interesses e anseios, antagônicos, paradoxais, brasileiros por excelência, estavam para ser oficializados na nova Carta.

Por precaução e zelo profissional, chegamos – repórter e fotógrafo – com duas horas de antecedência à hora marcada para a cerimônia. Entramos pela porta principal da área de desembarque de veículos oficiais do Senado, para seguir dali ao auditório da Câmara dos Deputados. Subimos ao saguão praticamente sozinhos. Tudo ainda estava muito tranquilo ali.

Logo à entrada do saguão, uma pilha de livros, esteticamente sobrepostos, quase uma escultura, denunciava: aqui estão os exemplares da Constituição a ser promulgada. Rapidamente, o instinto de repórter (que nunca deve ser perdido no exercício da assessoria de imprensa) fez-me dar um bote e pegar um exemplar. Sorte, pois, no momento seguinte, algo absolutamente inusitado iria acontecer.

Agentes de segurança do próprio Congresso, liderados por um oficial de Justiça, tomaram a área. O oficial, com ar soberbo e solene (pensei, naquele momento, que ele promulgaria, ali mesmo, a Constituição), decretou, com a autoridade que lhe conferia um papel à mão, provavelmente um mandado judicial: "Estes exemplares são inconstitucionais e, por isso, estão sendo recolhidos". E se retirou, passos rápidos, nariz empinado e olhos semicerrados, seguido pelos agentes que, constrangidos, procuravam equilibrar as pilhas de livros nas mãos e braços, fulminados pelos olhares de incompreensão dos que presenciavam a cena.

Estupefato, não entendia como a Constituição poderia ser inconstitucional. Um discreto e tranquilo funcionário do Senado, concluindo multicolorido arranjo de flores, pacientemente explicou-me: "Abra o exemplar que o Sr. pegou e colocou dentro do paletó. Veja que ele tem um prefácio do deputado Ulysses Guimarães. Constituição não pode ter prefácio, uai".

Entendi e agradeci. Mais grato ainda fiquei ao ler o tal prefácio, obra-prima de Dr. Ulysses. Bendita inconstitucionalidade, cuja íntegra, de impressionante e brasileira atualidade, reproduzo a seguir:

A Constituição Coragem

O homem é o problema da sociedade brasileira: sem salário, analfabeto, sem saúde, sem casa, portanto sem cidadania.

A Constituição luta contra os bolsões de miséria que envergonham o País.

Diferentemente das constituições anteriores, esta começa com o homem.

Graficamente, testemunha a primazia do homem, pois foi escrita para o homem, o homem é seu fim e sua esperança. É a Constituição Cidadã.

Cidadão é o que ganha, come, sabe, mora, pode se curar.

A Constituição nasce do parto da profunda crise que abala as instituições e convulsiona a sociedade.

Por isso, mobiliza, dentre outras coisas, novas forças para o exercício do governo e a administração dos impasses. O governo será praticado pelo Executivo e o Legislativo.

Eis a inovação da Constituição de 1988: dividir competências para vencer dificuldades. Contra a ingovernabilidade concentrada em um, possibilita a governabilidade de muitos.

É a Constituição Coragem.

Andou, imaginou, inovou, ousou, ouviu, viu, destroçou tabus, tomou partido dos que só se salvam pela lei.

A Constituição durará com a democracia e só com a democracia sobrevivem para o povo a dignidade, a liberdade e a justiça.

Brasília, 5 de outubro de 1988.

Constituinte Ulysses Guimarães

Presidente

Em tempo: ainda tenho, em bom estado, o exemplar inconstitucional da Constituição.

CAPÍTULO 18

Outras histórias que permeiam o trabalho dos assessores de imprensa no governo

Jornalistas, às vezes de modo mais intenso quando assessores de imprensa, estão sempre muito próximos dos fatos. Não são historiadores, mas testemunham fatos históricos.

Os extintores de incêndio do Memorial da América Latina

Embora não tenha provas científicas ou testemunhado algo que pudesse confirmar a verdade, tenho razoável convicção de que a virada espetacular da eleição à prefeitura de São Paulo em 1988, quando Luíza Erundina, então candidata do PT, atropelou Paulo Maluf na reta final, teve o dedo do então governador paulista, Orestes Quércia (PMDB). A votação de Erundina, cuja vitória foi negada até a véspera do pleito por todos os institutos de pesquisa, teve, provavelmente, forte reforço dos eleitores peemedebistas – e dos militantes! –, que fizeram o chamado voto útil (ainda não havia a figura do segundo turno), considerando que o candidato de seu partido, o já falecido João Oswaldo Leiva, não tinha quaisquer chances.

Nas coletivas de imprensa e pronunciamentos públicos, Quércia passou, paulatinamente ao longo do processo eleitoral, a elogiar Erundina. Quando ela foi eleita, o governador convocou a imprensa para anunciar sua disposição de adotar postura de cooperação e solidariedade entre o Governo do Estado e a prefeitura de São Paulo. Logo após a posse de Erundina, em 1º de janeiro de 1989, a prefeita foi recebida no Palácio dos Bandeirantes com honra e circunstância, e se firmaram vários acordos e protocolos de intenção e colaboração do Estado com o Município. Uma beleza!

Passado algum tempo, Quércia concluía a obra que considerava uma das mais marcantes de sua administração, o Memorial da América Latina, anexo ao Terminal Intermodal da Barra Funda (metrô, ônibus urbanos e rodoviários e trens), em São Paulo. O conjunto arquitetônico, com a grife de Oscar Niemayer, era o centro das atenções de todos no Palácio dos Bandeirantes naquele final de verão. O empreendimento foi inaugurado em 18 de março de 1989.

O setor de cerimonial do governo estava a todo o vapor. Numerosos chefes de Estado da América Latina foram convidados para a inauguração, bem como governadores, personalidades, autoridades e parlamentares nacionais e internacionais. Dois dias antes da grande festa, alguns chefes de Estado já estavam no Brasil.

Bem, a ansiedade na sede do governo paulista era imensa. No meio da tarde da antevéspera da inauguração, vem a notícia bombástica: dois engenheiros da prefeitura de São Paulo haviam interditado o prédio do Memorial, por falta de segurança contra incêndios. Foi um forrobodó. A generalidade inconclusiva dos motivos colocou em suspeição – sem exceção – os cerca de 600 mil funcionários públicos estaduais à época. Quem teria a máxima culpa da negligência? Além disso, gerou uma reação irada do governador com a atitude da prefeitura, sem poupar Erundina, na conversa com seus assessores.

Verificou-se, então, qual era o problema. Ufa, estavam apenas faltando alguns extintores de incêndio, rapidamente colocados nos locais devidos. Não posso afirmar, mas suponho que Quércia tenha telefonado a Erundina, solicitando agilidade na nova inspeção, para que o prédio fosse rapidamente liberado pela prefeitura.

Seria modéstia extremada dizer que a história terminou em pizza, pois a recepção noturna no Palácio dos Bandeirantes foi sensivelmente mais sofisticada do que o delicioso ritual paulistano de saborear *redondas* com cerveja ou vinho de mesa. Dentre os presentes, a prefeita de São Paulo, ao lado dos chefes de Estado convidados.

O discurso de Fidel

O então presidente de Cuba, Fidel Castro, visitou São Bernardo do Campo e a capital paulista em 1990. Juntamente com Luiz Inácio Lula da Silva, que era deputado federal pelo PT à época, idealizou o Foro de São Paulo (FSP), organização criada em 1990 a partir de um seminário internacional promovido pelo Partido dos Trabalhadores (PT).

O comandante, que era amigo e gostava do governador Orestes Quércia, também teve recepção protocolar no Palácio dos Bandeirantes. Naquela noite, o pronunciamento de Fidel foi uma rara peça de retórica e oratória, digna de constar no currículo de qualquer faculdade de comunicação e fazer inveja ao mais experto *ghost writter*.

Clima de confraternização, copos no ar, brindes... Todos, inclusive eu que estava coordenando a recepção aos jornalistas dos veículos de comunicação e a cobertura da assessoria de imprensa, esperavam com certa ansiedade as palavras de Fidel. Ele iniciou com os agradecimentos costumeiros, mas com elogios, gestos largos, palavras simpáticas e inteligentes, conquistando a atenção dos presentes. Enalteceu a democracia, o processo do voto livre e direto no Brasil e o quanto é fundamental a alternância no poder. Lamentou, com emoção, o fato de Cuba não poder ingressar num processo histórico semelhante, "graças ao imperialismo norte-americano..."

No final do discurso, ao ser entusiasticamente aplaudido pelos convidados, não perdeu a oportunidade, nem a piada: disse estar pensando na hipótese de lançar sua candidatura a vereador por São Paulo. "Considerando a efusividade com que foram recebidas minhas palavras, acho que tenho grandes chances", salientou o comandante. Risos e aplausos ainda mais ruidosos.

Saudades de Matão

A Venezuela, independentemente dos problemas e desventuras que enfrenta neste início de século, tem uma virtude admirável: cultua com patriotismo e consciência histórica a sua trajetória como nação livre. Este pressuposto está acima das divergências políticas. A figura do Libertador, Simón Bolívar, é incontestável, indefectível e onipresente na cultura e arquitetura.

As avenidas principais dos municípios Vargas e Libertador – que constituem o núcleo urbano que conhecemos como Caracas, a Capital – chamam-se Simón Bolívar ou Libertador. O mesmo se aplica a praças, numerosos edifícios, aeroporto, muitos monumentos e logradouros públicos em geral.

Corria o ano de 1990. O governador do Estado de São Paulo, então Orestes Quércia, fazia visita oficial à Venezuela. O ponto alto da programação foi cerimônia realizada na praça principal de Caracas, denominada, claro, Simón Bolívar. Presentes, o então presidente da República, Carlos Andrés Pérez, governadores de províncias, prefeitos, senadores, deputados e altas autoridades do Judiciário.

Tropas passadas em revista. Troca de presentes. O solene gesto de plantar uma árvore brasileira, efetuado com rara habilidade por Quércia, que fertilizou a terra venezuelana com a muda de um ipê amarelo, símbolo de nossa flora. Tudo como manda o figurino.

Antes do início dos discursos (o mais curto, entre os proferidos pelos oito oradores anfitriões, tinha cerca de 25 minutos), houve uma apresentação musical. A Orquestra Sinfônica de Caracas (numa homenagem a "el gobernador campesino de San Pablo", conforme definiu, soberbo, o maestro, em sua rápida explicação de oito minutos) executou denso e rebuscado arranjo de "Saudades de Matão". De fato, um trabalho musical bonito. Quércia, que sempre gostou de música, fez agradecimento comovido ao maestro e, gentileza exacerbada, enalteceu o arranjo com excesso de adjetivos.

À noite, no hotel em que estávamos hospedados, o Caracas Hilton, houve uma recepção formal, com jantar, oferecida pelo Governo de São Paulo aos venezuelanos. O maestro, com a sensibilidade aguçada pelo bom vinho, generosamente servido, repetia-se na exaltação ao arranjo de "Saudades de Matão". Diplomáticos, governador e demais integrantes da delegação paulista escutavam com simpatia o monólogo e, às vezes, reforçavam o elogio.

Todos os convidados, por volta das 23 horas, retiraram-se. Todos? Bem, o maestro continuava à mesa, na qual não havia mais pratos, mas apenas uma taça, cuja velocidade na alternância entre a transparência e o vermelho lhe dava um aspecto de lâmpada pisca-pisca.

De repente, surgiu um acordeão. "Saudades de Matão" ecoou na sala, abafando as 12 badaladas do carrilhão que enfeitava o local. Ao som da valsa paulista, o governador e sua esposa, a médica oftalmologista Alaíde Quércia, despediram-se, em passos de ritmo crescente. Conseguiram chegar ao elevador. Subiram. O elevador desceu vazio e subiu novamente, com o maestro, que insistia em continuar a execução de seu arranjo na suíte de Quércia.

O competente coronel PM Hélio Proni, um desses policiais que honra e dignifica a farda que veste, estava numa saia justa. Pela primeira vez, em todo o tempo em que trabalhamos no Palácio dos Bandeirantes, sede do governo paulista, vi-o com o semblante tenso diante de uma situação. O que fazer? Impedir, fisicamente, a progressão do maestro, causando um incidente diplomático, já que se tratava de membro oficial da protocolar recepção há pouco encerrada? Deixá-lo seguir e invadir a privacidade do governador?

Reciprocamente solidário à postura rotineira de Proni e antes que ele tivesse de tomar uma atitude, agi quase por instinto: "Maestro, maestro, por favor... toco um pouco de violão e achei o seu arranjo muito bonito. O Sr. poderia me ensinar os acordes?".

Proni respirou aliviado, disse boa noite e iniciou rápida marcha em direção a seu apartamento, depois de o regente rodopiar 180 graus e retornar ao elevador... comigo.

No bar do lobby, um sonolento garçom foi todo o público que tivemos, maestro e jornalista, até que eu aprendesse "com perfeição" os acordes e solfejos de "Saudades de Matão", às 6h34...

Ronald Reagan e Adhemar de Barros

Em 1979, José Maria Marin, aquele mesmo presidente da CBF preso em Nova York, era vice-governador de São Paulo. Concluía, no exercício do cargo de governador, o mandato de Paulo Maluf, que se desincompatibilizara para disputar, pela primeira vez em sua carreira, uma eleição direta. Era candidato a deputado federal, cargo ao qual acabou eleito com cerca de 700 mil votos.

Cobri para o *Inter News*, tabloide encartado em numerosos diários da *Rede CBI de Jornais*, a maior do interior paulista à época e para a agência de notícias da mesma empresa, a visita oficial que o presidente dos Estados Unidos, então Ronald Reagan, realizava ao Brasil. A aterrissagem do Air Force One no Aeroporto Internacional de Viracopos, no município paulista de Campinas, foi cinematográfica, assim como o voo, em helicóptero de passageiro escoltado por outros de combate, até o heliporto do Palácio dos Bandeirantes, na cidade de São Paulo.

A logística de segurança, os detectores de metais, os rádios do tamanho de anéis, as limusines blindadas, vindas dos Estados Unidos e previamente levadas ao Palácio dos Bandeirantes, transformaram a sede do governo paulista num cenário de Holywood. Os cerca de 1.500 convidados estavam estupefatos, assim como eu e os demais jornalistas presentes, embora fizéssemos grande esforço para demonstrar naturalidade e até uma certa indiferença e altivez diante de tudo aquilo.

Nós, jornalistas, embora a maioria não reconheça, temos este tique profissional, quando em serviço, de ignorar e esconder emoções, surpresa, admiração, medo. É como se, agindo assim, contratássemos uma espécie de seguro contra a subjetividade ou nos tornássemos imunes às situações e até riscos a que às vezes nos submetemos.

Tudo correu muito bem. Nem mesmo as ameaças públicas do Beijoqueiro (lembram-se dele?) de oscular o chefe de Estado norte-americano perturbaram o ambiente. Aliás, naquela oportunidade o folclórico personagem paulistano não conseguiu sequer aproximar-se das adjacências do Palácio dos Bandeirantes.

Segurança, protocolo, cerimonial, tudo perfeito, inclusive com o discurso de Reagan, que defendeu tese de integração, colaboração e solidariedade entre os povos das Américas. Como exemplo da pujança latino--americana e do potencial de desenvolvimento continental harmonioso, citou "esta magnífica cidade de São Paulo". E, para enfatizar o quanto conhecia a cultura local, ao final do pronunciamento disse: "Gracias..."

Nessa história, os colegas e eu éramos personagens reais, no papel de jornalistas. Sim, aqueles profissionais que, nos filmes, sempre atrapalham os agentes do FBI ou o tenente da Polícia de Los Angeles...

Não presenciei o relato que se segue. Contou-me o caso o saudoso jornalista Berto Ferreira, brilhante repórter de política do *Jornal do Brasil* e *Rádio Bandeirantes*, dentre outros veículos.

Adhemar de Barros, que construiu o Hospital das Clínicas da Faculdade de Medicina da Universidade de São Paulo, dentre outras obras, governou o estado em dois mandatos (de 14 de março de 1947 a 31 de janeiro de 1951; e de 31 de janeiro de 1963 a 6 de junho de 1966, quando foi deposto pelo marechal Humberto de Alencar Castelo Branco, primeiro presidente da República do governo militar, que ele apoiara no início, passando paulatinamente a contestar).

Quando Adhemar fazia programação de visita a municípios do interior, sempre levava os discursos nos bolsos do paletó. No local do comício, sacava o papel da cidade correspondente e exercitava a sua oratória.

Certa vez, em Garça, no interior paulista, puxou o *improviso* e, voz empostada, saudou:

Querido povo desta progressista cidade de Marília...

"Governador, governador, estamos em Garça", cochichou um assessor, sem evitar que o alerta acabasse sendo ouvido por boa parte dos cidadãos presentes.

Adhemar vasculhou os bolsos do paletó, pegou o discurso certo e disparou, alto e bom som: "É tudo a mesma porcaria".

CAPÍTULO **19**

Media training

Não foi sem razão que decidi abordar o treinamento para a concessão de entrevistas no último capítulo deste livro. A leitura de todo o conteúdo anterior evidencia a importância desse procedimento e mostra as diferentes situações nas quais uma autoridade ou personalidade depara-se com a imprensa e/ou a demanda de um repórter. Assim, tudo o que veremos a seguir faz mais sentido.

O mais importante conceito que o assessor de comunicação deve transmitir à autoridade, a representantes de companhias concessionárias de serviços públicos e empresas que prestam serviços ao setor estatal é o seguinte: o crime não compensa! Aliás, o pressuposto ético, que vale para todos os setores de atividades, deveria ser suficiente para dispensar e tornar o alerta desnecessário. A lição da lisura e da probidade é a mais essencial em qualquer programa de *media training*. Afinal, por mais articulado, eloquente e bom orador que seja um entrevistado, não haverá palavras ou exercício retórico capazes de explicar o inexplicável.

É preciso entender que, felizmente, o estigma da impunidade está em extinção no Brasil. No "mensalão" e, depois, no "petrolão", objeto da Operação Lava Jato da Polícia Federal e da Procuradoria Geral da República, líderes políticos expressivos, bem como dirigentes e presidentes de algumas das maiores e mais poderosas empresas privadas, foram presos, julgados e condenados à prisão. Além da pena aplicada pela Justiça, há a sentença inexorável da opinião pública, com dano praticamente irreversível de sua imagem.

Assim, a "ficha limpa", mais do que fator condicionante para disputar eleições, é essencial para uma interação positiva com a mídia. Atendido esse requisito essencial, pois não há técnica de comunicação capaz de prover o milagre da inocência, deve-se preparar bem os porta-vozes para o momento mais agudo das relações com a imprensa: a entrevista.

O primeiro princípio a ser observado nessas ocasiões é a igualdade de direitos e deveres entre o entrevistador e o entrevistado. O primeiro pode perguntar o que quiser e o segundo responde apenas o que desejar. A Constituição garante a ambos tais prerrogativas, inerentes à liberdade de expressão, que também pressupõe o direito ao silêncio.

O entrevistado deve ser bem preparado para a conversa com o jornalista. Por isso, é importante que o tema da entrevista seja previamente estabelecido. Assim, o assessor de imprensa deve preparar material de apoio, contendo dados, informações e estatísticas, fornecendo-o à fonte e também ao repórter. Tais subsídios são importantes para os dois e facilitam o bom andamento da entrevista.

Também é recomendável que o entrevistado conheça o perfil do profissional que o entrevistará, como tendências políticas (que podem ser obtidas mediante a leitura prévia de seus textos e matérias), pensamento econômico e posicionamento diante de questões de relevância nacional. Essa análise contribui para que se evitem situações de choque e para que a fonte paute-se de modo adequado. O propósito desse conhecimento prévio, ressalve-se, não é o de mudar oportunisticamente as convicções e opiniões da fonte ou de estabelecer uma falsa sinergia de pensamentos, mas apenas para que se saiba lidar melhor com a situação.

As perguntas do jornalista devem ser respondidas de modo direto e objetivo. Quanto mais claras forem as respostas, melhor ele entenderá os conceitos. Chutes são proibidos, pois o profissional da imprensa checará todas as informações. Se o entrevistado tiver errado algo, perderá a cre-

COMUNICAÇÃO E ASSESSORIA DE IMPRENSA PARA GOVERNOS   141

dibilidade. Mais grave ainda é se o repórter não conferir as informações e for corrigido pelo seu chefe ou, pior, por um leitor, ouvinte ou telespectador, que interagem cada vez mais – e em tempo real – com os veículos de comunicação, por meio da internet.

Por isso, se não tiver certeza sobre algum número ou dado, o entrevistado deve dizer ao jornalista que, o mais rapidamente possível, o assessor de imprensa passará a informação desejada. Essa atitude gera confiança e o respeito à fonte e não a desmerece por não lembrar um dado ou não saber com exatidão determinado item estatístico.

As entrevistas podem ser presenciais, por telefone ou por e-mail. Nos três casos, é importante a presença e/ou participação do assessor de imprensa. Em qualquer uma dessas situações, também se deve fazer uma adequação da linguagem, de modo que o jornalista e o público entendam com clareza todos os conceitos. É bom evitar jargões profissionais, como o "economês", o "juridiquês", o "sociologuês" e o "engenheiroquês". Termos técnicos podem ser utilizados, mas precisam ser "traduzidos" de imediato. O mesmo se aplica às siglas.

Tais cuidados são fundamentais, pois o jornalista, muitas vezes, fica constrangido em dizer ao entrevistado que não conhece determinadas expressões ou siglas. Assim, não pergunta do que se trata e, depois, acaba não passando a informação correta ao leitor. Se a entrevista for para rádio ou TV e o apresentador não pedir os devidos esclarecimentos, boa parte do público ficará sem entender os conceitos.

Quanto à construção das frases, é pertinente orientar o entrevistado no sentido de que a melhor ordenação gramatical para exposições claras à mídia é a direta, construindo-se a frase na ordem natural, ou seja, sujeito, verbo e objeto direto ou indireto. Na linguagem escrita e oral, essa estrutura é a mais facilmente assimilada pelo público e o jornalista, pois corresponde às características da organização do pensamento das pessoas. Também é recomendável que o entrevistado, sem ser pedante, utilize um português correto, dentro de padrões aceitáveis para a expressão oral. Se as respostas à entrevista forem por e-mail, é imprescindível uma boa revisão.

O bom desempenho do entrevistado é fator decisivo para que a matéria final tenha resultados positivos. Não se pode entender que o texto veiculado seja fruto apenas do esforço, capacidade e imparcialidade do jornalista. O conteúdo que lhe foi passado pela fonte e a clareza como isso ocorreu são fatores condicionantes, no caso de matéria escrita para jornais, revistas, sites e blogs. Assim, é preciso caprichar na performance, inclusive pelo fato de que jamais se deve pedir ao jornalista para ler a matéria antes de ser veiculada. Isso fere um dogma universal do jornalismo e significa um rompimento quase irreversível com o profissional.

Quanto às técnicas de entrevista, se for para jornais, revistas e websites ou blogs, é necessário observar o seguinte: fornecer o maior volume possível de informações, pois essas mídias diferenciam-se, cada vez mais, pela qualidade e abrangência de seus conteúdos. Nas entrevistas para rádio e TV, é fundamental ser muito objetivo, usar frases curtas e evitar números quebrados. É melhor citar valores redondos, mesmo que aproximados, que são mais facilmente entendidos pelos ouvintes e telespectadores.

Nas entrevistas para TV, é importante usar roupas discretas, inclusive na cor, pois os trajes mais chamativos competem com o conteúdo da fala, funcionando como ruídos de comunicação. Sempre que possível (e isso vale também quando jornais e revistas fazem fotos da fonte), deve-se realizar a entrevista em frente a um banner ou quadro que identifique a instituição representada pelo entrevistado, como prefeitura, governo estadual ou federal, órgãos do Legislativo e do Judiciário e logomarca de empresa pública ou privada.

Entrevista simulada

Em casos específicos de coletiva de imprensa ou entrevista individual, principalmente quando o tema for sensível, envolver denúncias, situações polêmicas e críticas, é necessário, além das técnicas de *media training* anteriormente indicadas, realizar uma entrevista simulada. Nesse exercício, o assessor de imprensa, de preferência com a participação de outros jornalistas de sua equipe, deve fazer todas as perguntas, inclusive as mais capciosas, passíveis de ocorrerem na situação real da entrevista.

As respostas do entrevistado precisam ser gravadas e os pontos falhos, comentados e corrigidos. Nesse processo, não se deve poupar a fonte, pois os jornalistas serão incisivos na entrevista real. Por isso, é necessário que a simulação seja uma prévia muito realista do que o entrevistado enfrentará. Daí a relevância da eficácia desse exercício.

GRÁFICA PAYM
Tel. [11] 4392-3344
paym@graficapaym.com.br